本気の海外投資完全マニュアル

15万円からはじめる

石田和靖
KAZUYASU ISHIDA

Pan Rolling

はじめに

はじめに

日本の国内資産だけで安心ですか？

年金不安や株価不安、金融不安、不動産価格の下落、リストラ、ペイオフ、増税など、将来の日本に対する不安材料はいくらでも出てきます。しかも、このような不安をさらに掻き立てる雑誌や書籍がここ最近は大流行。本屋の店頭には国家破綻をテーマにした縁起でもない書籍が高く積まれて売られています。

マスコミがこの不安をさらに拡大させている感はありますが、日本という国が「今どの方向に向かおうとしているのかわかりにくい」というのは事実です。かつ、日本は来年を境に人口が減り始め、少子高齢化が今まで以上に加速度を増す状態にあります。労働人口が減り続けるということはそのまま経済の衰退をも意味するものでもあります。少子化を食い止める対策が急務であることはだれもが認識していることですが、まだ具体的な対策は為されていません。政治家は自分の保身しか行いませんので、これらの問題はすべて先送り。延命策は行うものの、根本的な解決策は誰一人として考えてくれません。「これから先、日本はどうなってしまうのか」は、日本国民共通の思いでしょう。

海外投資のススメ

だからこそ、海外投資の出番なのです。第1章で詳しく説明しますが、海外投資には国内投資ではあり得ない数々のメ

リットがあります。そのメリットを利用しながら「これから発展するであろう国々」に投資して、その恩恵にあやかろうというわけです。成熟しきった日本とは違って、「これから発展するであろう国々」にはとてつもないエネルギーがあります。実際、私は海外投資を始めていますが、運用成績は良好です。

なお、本書では、日本人にとって1番身近な金融センターと言える「香港」を舞台に数々の事例を紹介しています。

本書を手に取ったあなたはすでに海外投資の第1歩を歩み始めたことになります。本書をすべて読み終えた後、「やっぱり無理だ、面倒くさい」などと思わずに、行動に移して、第2歩目を踏み出してください。そうすることで、本書の内容があなたにとって本当に有意義なものになると確信しています。

本書のねらい

本書の目的は、「海外投資の素晴らしさを知っていただき、読者のみなさまに実践していただくこと」に置いてあります。次ページの流れを理解していただければと思っています。さぁ、私と一緒に海外投資の旅へ出かけませんか。

【本書で伝えたいこと】

| メッセージ | 第5章 |

成熟しきった日本のような国ではなく、インドやブラジルなど、これからの発展が期待される国のファンドを買う＝海外投資

| そのためには | 第2章・第3章・第4章 |

海外に口座を開いたほうが有利
理由は、金融商品が豊富／パフォーマンスがよい／利子や配当は非課税／銀行の格付けが高いなど

日本で海外投資をやろうとすると不利
理由はファンド・オブ・ファンズになるので、手数料が大きくかかる／税金もかかる／商品の種類が圧倒的に少ない

| 海外投資の全体像を知るためにも | 第1章 |

リスクやメリットなど、まずは海外投資が何かを知りましょう。

¥税金
$¥
$TAX

え～っと
I would like ‥

BANK

1 2 3 4 5 6
7 8 9 10 11 12 13
14 15 16 17 18 19 20
21 22 23 24 25 26 27
28 29 30 31 香港旅行!!

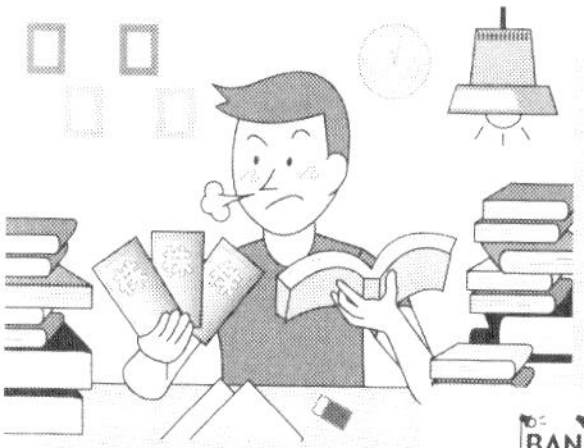

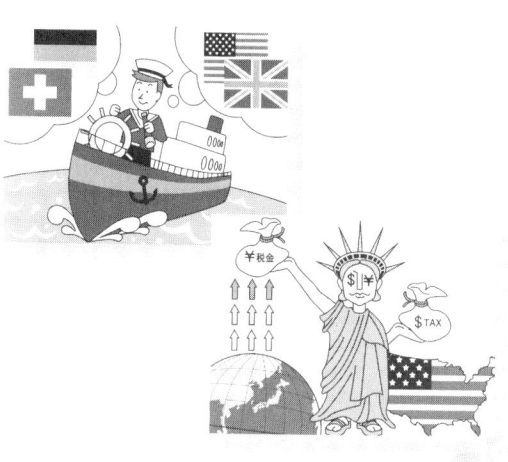

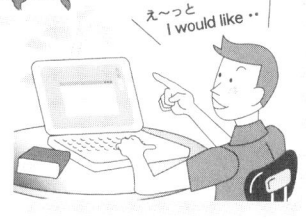

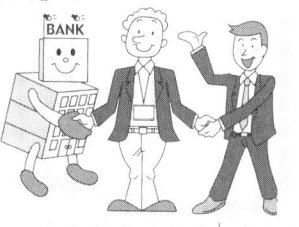

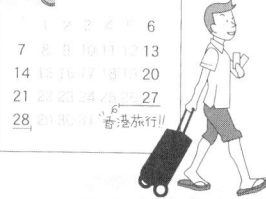

はじめに	日本の国内資産だけで安心ですか？	1

第1章 基礎知識編　11

第1節　海外投資のメリット
第2節　海外投資のリスク
第3節　口座開設に向いている国は
第4節　税金について

第2章 香港上海銀行(HSBC)での口座開設&利用法　33

第1節　概要
第2節　口座開設
第3節　日本円の預け入れ
第4節　日本円の引き出し
第5節　その他の情報

第3章 スタンダードチャータード銀行口座開設&利用法　85

第1節　概要
第2節　口座開設
第3節　日本円の預け入れ
第4節　日本円の引き出し
第5節　その他の情報

第4章 ハンテック証券での口座開設&利用法 (107)

- 第1節 概要
- 第2節 口座開設
- 第3節 取引方法

第5章 ファンド選びのポイント (121)

- 第1節 私のファンド選択ルール
- 第2節 ファンドを選ぶときは利回りに注目
- 第3節 ベンチマークを基準にパフォーマンスを計る
- 第4節 ファンドのコストを知りましょう
- 第5節 純資産額が大き目のファンドを選びましょう
- 第6節 ファンド・オブ・ファンズについて
- 第7節 香港で買えるファンド色々

第6章 私たちの香港資産運用奮闘記(体験談) (175)

- 第1節 きっかけは中国株だった
- 第2節 口座開設にまつわるエピソード
- 第3節 どうやって利益を出すのか
- 第4節 空き時間を利用すれば、サラリーマンにもできる
- 第5節 口座開設体験談

第7章 海外の投資情報サービスの利用法 (213)

第1節 HSBCインベストメントサービスの使い方
第2節 モーニングスターの使い方
第3節 フィナンシャルタイムズの使い方
第4節 香港証券取引所(HKEx)の使い方

付録 各国情報 (235)

第1節 BRICs諸国の特徴
第2節 ブラジルについて
第3節 ロシアについて
第4節 インドについて
第5節 中国について
第6節 タイについて
第7節 ベトナムについて

おわりに (261)

コラム

バンクリファレンスって何ですか? ………… 26
HSBCセキュリティデバイス ………………… 83
スタンダードチャーダード銀行、
東京にリテール支店設置?! ………………… 105
ヘッジファンドとは? ………………………… 134
貴金属投資について ………………………… 160
元本確保型ファンドの仕組み ……………… 168

基礎知識編

第1章

第1節　海外投資のメリット

(1) 金融機関の格付けが高い

　みなさんも金融機関ランキングというものを雑誌や新聞で目にしたことがあると思います。金融機関は「大切なお金を預けておくところ」です。そこで、利用者の参考用になればと、さまざまな格付け会社が金融機関を評価しています。

> スタンダード＆プアーズ
> http://www.standardandpoors.com/
> フォーブス
> http://www.forbes.com/

　売上高や資産額、利益、株式時価総額、負債率、成長率など、あらゆる側面からその金融機関の安全性を弾き出しています。

　そのような角度から評価された金融機関ランキングに名前を連ねているのは、シティバンクやHSBC、UBS、バンク・オブ・アメリカ、ロイズTSB、JPモルガンなどです。その多くは欧米系の金融機関になります。

　日本ではペイオフも解禁されましたし、ちまたでは財政破綻もささやかれています。本当に破綻してしまうようなことが起これば、預金封鎖やデノミネーション（通貨切り下げ）が起こる可能性もあるでしょう。

　ただ、そのようなことが現実的に起こったとしても、格付

けの高い海外の金融機関にお金を預けておけば安心です。日本の法律の及ばない海外で大切な資産を守れるからです。

（2）金融商品が豊富

　日本では、お金を預けたり借りたりするのは銀行、株やファンドを買ったりするのは証券会社、生命保険の加入や積立年金などは保険会社と、商品によって訪ねる窓口がそれぞれ違います。しかし、海外の銀行は違います。銀行・証券・保険の壁はありません。

　一度銀行に総合口座を開いてしまえば、あとはインターネットでさまざまな金融商品を購入できます。しかも、その金融商品の豊富さは日本の比ではありません。例えば、香港のように古くから金融制度が自由化されている地域では、日本の金融庁のような厳しい規制もなく、数多くの金融機関が競って優良な金融商品を開発しています。厳しい規制がないぶん、自由裁量の効いた商品設計も可能になっています。

　年利数百パーセント！なんていう商品もときどき販売されています。これを日本で販売したら、販売会社はそれこそ「詐欺扱い」されてしまうでしょう。しかし、このような商品も香港の金融機関では当たり前のように売られているのです。

（3）パフォーマンスが高い

　例えば、年率20パーセント程度の数字に、あなたはどれほど魅力を感じますか？　年率20パーセントというのは約3年半で2倍に膨れ上がる利回りです。

投資の世界には、「72の法則」というのがあります。「72の法則」とは、「手持ちのお金が2倍になるのに、年利何％で何年かかるか」を教えてくれる計算式です。72という数字を年利で割ると投資元本が2倍になるのに必要な年数が弾き出されます。

$$72 \div 20 = 3.6$$

　預けたお金を、年率20％のファンドで運用すれば、3年半後には2倍になります。年率20％とは、それだけの効果があるのです。

　金融制度の自由化されている香港では、年率20％の金融商品は当たり前のようにあります。109％の元本確保型ファンドを購入しようものなら、「何でこんなに利回りの低いものを買うの？」と、金融機関の担当者に逆に不思議に思われるくらいです（元本確保型ファンドは168ページ参照）。なおかつ、買う商品とタイミングによっては年率100％なども現実的です。

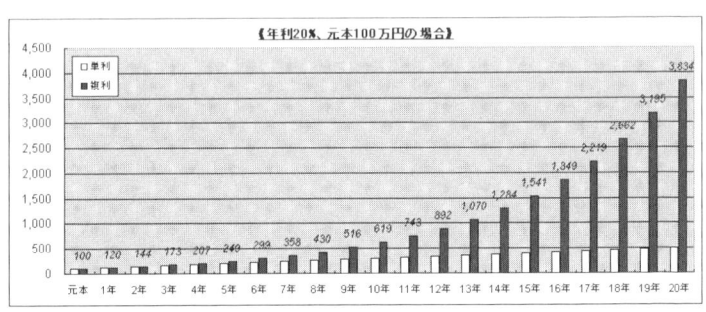

【年利20％、元本100万円の場合】

	元本	1年	2年	3年	4年	5年	……	10年	……	15年	……	20年
単利	100	120	140	160	180	200	……	300	……	400	……	500
複利	100	120	144	173	207	249	……	619	……	1,541	……	3,834

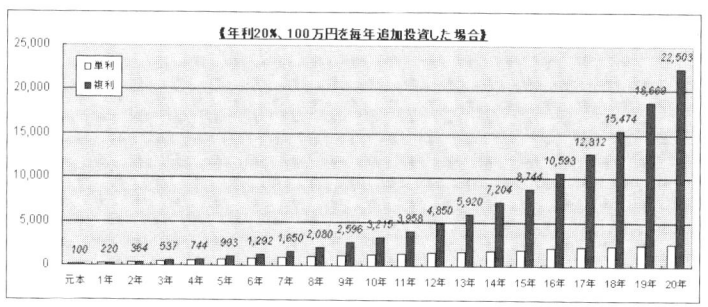

（4）利子・配当は非課税

　ファンドではなく、銀行預金の金利も魅力的です。日本の銀行は単利で年2回（2月と8月）、20%（国税15%と地方税5%）の税金が差し引かれたうえで利息が入りますが、香港の銀行はお金を預けておくと、複利計算で毎月利息収入が入ります。さらに、香港では利子・配当ともに非課税ですから税金が差し引かれることはありません。

　日本の居住者の場合、年間20万円を超える利子を受け取ると、確定申告と納税が必要になります。金利1%で単純計算しても、年間20万円の預金利息を受け取るには約2000万円のお金を預け入れることになりますから、通常のサラリーマンにとってはほぼ非課税で利息を全額受け取ることになるでしょう。

(5) 国際情勢に敏感になる

金銭的なメリットではありませんが、「必然的に国際情勢に敏感になる」「英語力が身についてくる」「国際的なマネー感覚が身につく」などの、知識的なメリットも外せません。

　海外のいろいろなものに投資することでマネー感覚が磨かれます。これからは、アジア全体がブロック化していきます。そんな世の中の動向に対応するためにも、何でもかんでも円換算のドメスティックな感覚から、米ドルや香港ドル、シンガポールドル、人民元などの為替の感覚を身につけるべきでしょう。

第2節　海外投資のリスク

　例えば、落とし穴が怖いのは「どこにあるのかわからないから」に尽きます。これは、裏を返せば、「落とし穴がどこにあるのかがわかっていれば怖れるに足りない」ということでもあります。
　この「罠がわかっていれば怖くない」は海外投資にも言えます。そこで、ここでは海外投資をするうえでのリスク（落とし穴）について書いておきたいと思います。
　海外投資の場合、考えなければいけないリスクは国内投資よりも多いです。多いというよりも、実はたくさんあります。
　だからといって、海外投資＝難しいにはなりません。海外に口座を開設したり、海外の株式を購入したりなど、少し敷居が高いように感じるだけ。国内投資とはちょっと違うリスクを理解するだけで十分対処できます。
　先日、以下のようなメールをいただきました。

・・・

はじめまして。いつも香港資産運用奮闘記で勉強させていただいてます。
＜＜　中　略　＞＞
　私も海外投資を始めてみたいのですが、何もやったことがないので正直言って、不安ばかりでなかなか踏み切ることができません。その手の本もいろいろ読みましたが、読めば読むほど不安が募りますね。なんか、いいことばかりが書かれ

ているような気がして……。海外投資にはどのようなリスクがあると思いますか？

　お忙しいところ申し訳ありませんが、お時間のあるときで構いませんのでご返信いただけたら幸いです。

・・・

　このようなメールをいただくと、私自身も真剣に考えてしまいます。また、自分の思考の再構築に当たって「とてもいいきっかけ」にもなります。

　現在は、日本の経済危機をあおり「海外に資産を分散させなさい！」と訴える経済評論家ばかり。そのたぐいの本も本屋には山積み。でも、海外の良さと日本の悪さばかりが強調されていて、具体的に海外投資のリスクについて書かれている本は意外に少ないというのが私の感想です。

　日本人はこれまで、極めて便利な社会に生きてきました。国家や企業に依存していれば、ほとんど不自由なく生活することができました。しかし今、それは過去のことになりつつあります。今後は、これまでに無駄遣いしてしまった国家の借金の返済を迫られます。大増税や課税強化、徴税強化、もらえる年金の減少、支払う年金の増加など、支払う金額は増える一方なのにもらえる金額は減る一方という、いわゆる逆ザヤの状況になると思われます。

　さて、これまでにもお話ししたように、海外投資はこうした事態を免れるための方法です。しかし、万事が万事良いことだらけではありません。でも、何度もお話しているように、どんなリスクがあるのかを知り、用心しておけば、心配する必要はありません。いったい海外投資のリスクにはどのよう

なものがあるのでしょうか。以下に主なものを紹介します。

1．為替のリスク

　円高になれば海外資産は減少します。逆に、円安になれば海外資産は増加します。今は円高ですが、私自身の見解では「この円高はもう当分やってこない」と思っています。なぜなら、今の円高は操作された円高であり、真の日本の経済力を反映していないからです。今後、円高になる材料がとても弱すぎると思います。ある意味、円高の今は海外投資のチャンスです。

2．国家のリスク

　日本に限らずどこの国でも、国家の財政が破綻すれば、デフォルト（債務不履行）になり、預金やその国の通貨建て債券は保証されなくなります。紙くずになります。最近ではアルゼンチン国債が、元本の3割になり、償還期間が数十年伸びました。今日100万円になるはずの債券が、30年後の30万円に変わってしまったということです。そういうことを考えると、

●香港やシンガポール、スイス、ルクセンブルクなどの小さな政府を持つ国
●ニュージーランド、オーストラリア、カナダなどの資源国
●インド、中国、タイなどの経済成長の著しい国

をバランスよく分散投資するのが一番賢いのではないかと思います。

3．金融機関のリスク

　日本に限らず、金融機関が破綻すれば資産は目減りします。国によって、預金保険機構が整備されている国もあれば、整備されていないない国もあります。預金保険機構が整備されている国──アメリカ・イギリス・カナダ・香港など──にお金を預けるほうがリスクは減りますね。

4．企業のリスク

　これも日本と同じで、海外の企業の株式を買えば企業倒産リスクがあります。海外の場合、「（企業）情報が入手しにくい」点を心配される人がいますが、今はインターネットがありますので、それほど心配する必要はないと思います。むしろ、入手した英語情報をきちんと読みこなせるかどうかのほうが問題になるでしょう。

5．紹介者のリスク

　海外口座などの開設は、詐欺まがいの被害も少なくないようです。「口座開設をサポートすると言って、紹介料を30万も50万も請求された」「口座開設後、200万円入金したはずが、誰かに引き落とされていた」などという被害も実際にありますので、エージェント選びには十分気をつけてください。

　海外のエージェント選びの参考として、私の経験から言えることは、「一度のやり取りですべてを信じきらない」ことです。基本的にインターネットで検索して、まずはメールで問い合わせすることになると思うのですが、「細かいことでもわからないことはわかるまで質問する」ことが必要です。

　何度もメールでやり取りする流れの中で、エージェントの

体質がわかってきます。「早い対応、丁寧な対応、わかりやすい対応」。これをすべて満たしているエージェントは、満足のいく良質なサービスを低価格で提供してくれることでしょう。

　今のところ思い当たる主なリスクは以上の5つです。さらに付け加えるならば、日本の偽造カード被害のようなリスクでしょうか。これは日本も海外も同じリスクがあると思いますが、海外でこの被害に遭った場合、現地まで飛行機で飛んで、現地の窓口で面倒な手続きをしないといけません。そのあたりは海外の銀行を使ううえでやむを得ないところです。
　上記の1～5のリスクのうち、3と4は国内でも考えられるリスクなのに対して、1、2、5は海外投資独特のリスクです。「その国の為替を知り、国を知り、きちんとした紹介者を選ぶ」ことが、最低限必要なリスクマネジメントではないでしょうか？　「海外投資をする前に、一度でもその国に足を運んで、その国を知って、その国を好きになる」。これに尽きますね。

第3節　口座開設に向いている国は

(1) 日本人にとって身近な金融センターとは

　ここ数年（1990年代後半から2000年代前半に掛けて）、まさかと思う生保会社の破綻が相次ぎました。銀行も大銀行が破綻して外資のハゲタカに飲み込まれていきました。最近（2005年現在）では、日本の銀行の信頼性が大きく揺らぎ、日本の財政破綻の可能性が騒がれています。そうです、日本にお金を置いたままでは確実に資産が減少してしまう時代に突入してしまったのです。

　こうした背景――日本の金融機関や国家財政の現状――から海外銀行口座の開設希望者が増えています。

　私の経験から言うと、海外の銀行を選ぶときには、金融シ

ステムが比較的自由化されている国がよいと思います。

その条件に当てはまる国は、今のところ、香港やシンガポール、スイス、リヒテンシュタイン、ルクセンブルクなどです。しかし、スイスやルクセンブルク、リヒテンシュタインは飛行機で十数時間、遠すぎて何かトラブルが起きてもすぐに駆けつけられません。航空券代もばかになりませんし……。

また、運用金額は最低ウン千万円、ウン億円、ウン十億円。とてもじゃありませんが、月々数万円を定期預金しているサラリーマンにとっては敷居が高すぎて現実的ではありません。

やはり、日本人にとってなじみがあって人気があるのは香港とシンガポール、ということになると思います。でも、わざわざ口座を開設するために香港やシンガポールに行くのは煩わしいでしょうから、ちょっとした観光旅行のついでに口座を開設してくるのがいいと思います。

◎香港（Hong Kong Special Adminstrative Region）

香港は日本から一番近い金融自由都市です。しかも英国の長い統治時代を経ているため、金融インフラ、情報インフラ、法整備などがしっかりしています。日本からは片道約3～4時間、格安航空券で往復3万円程度と距離的にも近く、金銭的にも問題ありません。とても身近な金融センターと言えます。

◎シンガポール（Singapore）

シンガポールも香港と同じく、英国の統治時代が長い期間あり、しかも香港よりもいち早く、そのインフラを踏襲しています。金融立国を目指すリークアンユー（李光耀）の金融

政策が実現され、金融取引は厳格でしかも投資家保護に徹底しています。それだけに、金融機関への安心度や使い勝手の良さは抜群と言えます。ただ、最低取引金額が香港よりも多少大きい点がネックになっています。

この本では、サラリーマンを対象に「気軽に海外投資」を目指していますので、前者の香港での口座開設を取り上げております。

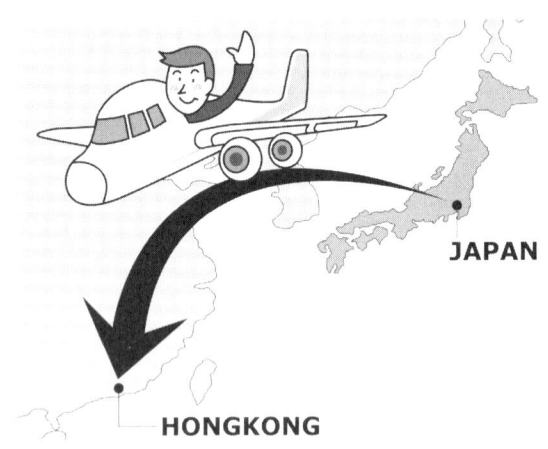

（2）海外の口座開設には紹介者が必要？

2001年9月11日の同時多発テロ以降、外国人が海外の銀行に口座を開設するのは困難になってきました。

テロ組織への資金の提供などを防止するため、アメリカが

世界の金融機関に対して、オフショア口座（口座開設者の住所が現地にない預金口座）の開設を厳しく制限するようにアナウンスしていること、また、テロ事件後、口座保有者などの有力な紹介者がいない限り、口座開設できなくなっていることなどが主な理由です。

　金融制度が根本的に違う社会主義国（中国、ロシア、ベトナムなど）では、紹介者なしで、しかも比較的容易に口座開設できるようです。しかし、こういった国では、ひとたび預金をするとその国の通貨以外に両替できなくなったり、海外への持ち出しや送金に異常なほどの縛りがかけられるという不便さがつきまとうと聞きます。一考の余地があると思います。

　さて、最も日本人の行きやすい香港ではどうでしょうか。つい昨年まで、基本的に紹介者なしで口座を開設することはできませんでしたので、当時、私は香港在住の知人にお願いしました。しかし、2005年になってからはルールが変更になりました。紹介者不要になったのです。

　ただ、銀行のルールは変動的ですから、このルールもいつ変わるかわかりません。仮に、再びルールが改正されて紹介者が必要になった場合、現地に知人や友人がいないときには、インターネットで紹介者を探すことになります。インターネットで「海外　口座開設」などと検索する（巻末付録参照）と、本当に数多くのエージェントが出てきます。エージェントは、紹介のみではなく、口座開設のサポート全般をお手伝いしてくれるようなので、数万円払ってでも利用してみる価値はあるかもしれません。

　しかし、リスクのところでお話ししたように、「口座開設をサポートすると言って、紹介料を30万も50万も請求された」

「口座開設後、200万円入金したはずが、誰かに引き落とされていた」などという被害も少なくないようですので、エージェント選びにはしっかりとした見極めが必要でしょう。

なお、HSBC香港に関しては、2005年1月現在、英文のバンクリファレンス（後述）があれば紹介者は不要になったというアナウンスもありました。これも、いつどこでどう変わるかはわかりませんが、少なくとも2005年1月現在では、英文のバンクリファレンスがあれば口座開設可能ですので、シティバンクや新生銀行などに口座を持っている人はトライしてみる価値ありかもしれません。ちなみに、日本でも外資系の銀行などは英文の書類を作成してくれます。

バンクリファレンスって何ですか？

直訳すると「銀行照会（Bank Reference）」です。銀行照会状のことを「Bank Reference Letter」と言います。

これは、銀行でどれだけの取引実績があり、どれだけの預入資産があるのかを銀行が証明する書類です。取引のない銀行に新規で口座開設するときに、他行のバンクリファレンスを要求される場合があります。

銀行は、他行が発行したバンクリファレンスをもとに、その顧客の格付けや最適サービスを判断します。銀行側からしてみれば、たくさん預けてたくさん金融商品を購入してもらったほうがいいわけですから、一般的にバンクリファレンスの金額が大きければ大きいほど優遇を受けることになります。

香港の銀行に外国人が口座開設する場合、一般的にこのバンクリファレンスが必要です。しかし、日本の銀行ではバンクリファレンスという習慣そのものが浸透していないため、ほとんどの邦銀では発行してくれません。ただ、英文の残高証明や英文の取引明細がバンクリファレンスの代用として利用できる場合もありますので、そういった書類が英文で作れるかどうかを、利用している邦銀に問い合わせをしてみるのも手かもしれません。

上記の書類が用意できない場合は、1年以上の口座保有者を紹介者として口座開設するのが一般的です。最近は紹介者を不要とする代わりに、バンクリファレンスの添付を求めるケースが強くなっている傾向にあります。

第4節　税金について

（1）属人主義と属地主義

　課税についての考え方は、大きく分けると属人主義と属地主義の2つになります。

　属人主義とは、その国の国籍を有する人に対して、その人がどこに居住していようが、自国の法律を適用します。

　一方、属地主義とは、その国に居住する人に対して、その人がどこの国籍であろうが、自国の法律を適用します。

　現在、属人主義を採用する国はアメリカとフィリピンです。アメリカ人とフィリピン人は、世界中のどこに居住していようが、母国に税金を納めなくてはなりません。フィリピンは出稼ぎ国家と言われているほど世界中各国に出稼ぎに出ている人が多いので、属人主義をとるのはやむを得ない気がしますが、アメリカの属人主義は「他国家の主権侵害」と一部で言われているように、大変わがままで独裁的な考え方と言えます。

　今のところ、日本を含めた世界中のほとんどの国が属地主義を採用しています。属地主義の場合、法律が制定されている領域だけに法の効力が及びますから、海外へ行ったら海外の法律に従うことになります。日本に居住していれば、日本の法律に従って税金を払うことになります。国籍は日本人でも海外に居住していれば、居住している国の法律に従うことになります。

　日本では2001年4月から、金融ビックバン（外為法改正）

が本格的に始まり、海外へ投資する人が増えてきました。さらに、インターネットのおかげで国境の垣根がなくなり、自由に情報を得られるようになったため、我々庶民でも海外のことをリアルタイムで詳細に知ることができるようになりました。また、航空運賃も年々下がってきたので、格安航空券を使えば往復2万円代から海外に飛ぶことも可能となりました。

　アメリカ人はアメリカ国籍を有する限り、どこの国に住もうがアメリカの法律が適用されます。ですから、アメリカ人は国籍を変えない限り、一生オフショア投資の醍醐味を味わうことはできません。オフショア投資の醍醐味を楽しめるという点においては、属地主義で課税される我が日本に生まれて良かったと、私は思います。

（2）香港はタックスヘブン？

　香港がタックスヘイブンかどうかというと、実は微妙です。どちらとも受け止められます。ちなみに「タックスヘブン（税金天国）」ではありません。「タックスヘイブン（租税回避地）」です。タックスヘイブン（租税回避地）の意味は、国や地域によって微妙に違います。経済開発協力機構（OECD）のタックスヘイブンリストには、香港は含まれておりません。

　国際的に見ると以下の35の国と地域が、OECDによってタックスヘイブンであると認定されています。

アンドラ公国、英国領アンギラ、アンティグアバーブーダ、オランダ領アルバ、バハマ、バーレーン、バルバドス、ベリーズ、英国領バージン諸島、ドミニカ共和国、ニュージーランド領クック諸島、英国領ジブラルタル、グレナダ、英国領ガーンジ、英国領マン島、英国領ジャージー、リベリア共和国、リヒテンシュタイン公国、モルディブ共和国、マーシャル諸島共和国、モナコ公国、英国領モンセラット、ナウル共和国、オランダ領アンティル、ニュージーランド領ニウエ、パナマ共和国、サモア共和国、セイシェル共和国、セントルシア、セントクリストファーネイビース、セントビンセント、トンガ王国、英国領タークス諸島、米国領バージン諸島、バヌアツ共和国

　しかし、日本の国税当局は「タックスヘイブン税制」という制度によって、国際的な租税回避を規制しており、上に挙

げた35の地域以外でも「法人税率25％以下の国や地域」をタックスヘイブンと定めています。香港は法人税率16％なので、日本の税法上では香港はタックスヘイブンとみなされます。ちなみに、意図的な利益移転のためにタックスヘイブンの法人や銀行口座を利用することは日本の法律では規制されています。その行為が悪質であると判断された場合には、重加算税のみならずブタ箱行きになることもあり得ます（しかし、「利益の移転か否か」という客観的な判断は難しいため、国税当局と大企業がよくもめる結果となっています）。

　なお、タックスヘイブン税制は法人の租税回避を対象としている制度ですので、個人が税引き後のお金で投資商品を売買するうえでは、今のところ、関係ありません。ただ、これも日本国家の増税・徴税強化の傾向を考えると、どこでどう法律が変わるかはわかりません。海外投資をするうえで、国際税制、証券税制などの動きは継続的にチェックしていく必要があります。

※参照
国税庁のホームページ　http://www.nta.go.jp/

香港上海銀行(HSBC)の口座開設と利用法

第2章

第1節　HSBCパワーバンテージの概要

　HSBC香港（香港上海銀行）は、世界で第2位の金融グループ「HSBC HOLDINGS（HK0005匯豊控股）」の中核銀行で、かつ世界的に信用度が高い銀行です。株価は127香港ドル（2005.8.5終値）、香港の株価指数の大きな比重を占めています。

　香港では、このHSBCとスタンダードチャータード銀行、中国銀行（香港）の3行が発券業務を分担しているため、3種類の紙幣が流通しています（日本で言うところの日銀のような役割を担っています）。この発券業務から吐き出す利益は莫大で、「HSBCが香港経済を牛耳っている」と言っても過言ではありません。HSBC香港は英国で第1位、世界で第2位の株式時価総額を誇る、実績・評価ともに非常に高い銀行です。格付では東京三菱銀行よりもはるか上にランクされています。

　HSBC香港で最もポピュラーな総合口座に、パワーバンテージ（Power Vantage）という総合口座の商品があります。10,000香港ドル（約14万円相当）で開設できるこの口座を持てば、香港ドル、米国ドル、ユーロ、シンガポールドル、タイバーツなど10種類以上の外貨がひとつのマルチカレンシー口座で管理できます。両替や振り替えもインターネットで簡単にできます。

　しかも、例えばインターネットで「1米ドルが105円以下になったときのみ、毎月末に20,000日本円ぶんを米ドルに振り返る」といったようなオートスイッチングの設定もできますので、為替の交換レートをいちいち気にして外貨を買う必要も

ありません。預金の金利は複利の毎月計算ですから、同じ0.1％だとしても日本の銀行とは増え方が違います。かつ金利には源泉分離課税が適用されません（年間20万円を超えたら日本で各自確定申告する必要があります）。

またパワーバンテージ（Power Vantage）では、株やファンド（投資信託）、国債、金などが取引でき、銀行と証券会社、保険会社の垣根を取り払った、金融ワンストップサービスを提供しています。お金を出し入れするだけの銀行ではなく、香港株や香港市場に上場しているＨ株、レッドチップなどの中国株も購入できます。

直接現地で取引しますので、日本の証券会社に払う手数料は不要です（日本の証券会社を通じて中国株を買うと日本の手数料、香港の手数料、為替の手数料と３段階で手数料を徴収されます）。しかも香港では、運用益や配当には源泉分離課税は適用されません（年間20万円を超えたら日本で各自確定申告する必要があります）。

また、多くのオフショアファンド（外国籍の投資信託）も小額から購入できます。そのほとんどは売却益に対して日本の所得税法上でも合法的に非課税です。

さらに、ＡＴＭカード（世界中でお金が現地通貨で引き出せます）と小切手（香港ドル）もついてきます。

ここまで色々とメリットを書きましたが、メリットばかりではありません。デメリットもあります。

まず、9.11同時多発テロ以降、外国人に対しての口座開設がとても厳しくなっています。日本人がこの銀行に口座を開くためには、まず香港に行く必要があり、いくつかの書類と、銀行担当者との個別ヒアリングが必要です。そして、口座開

設後は一定額以上の残高を保持しておかないと口座維持手数料が発生します。

　また、窓口業務、テレフォンバンキング、インターネットバンキングと、すべてのインターフェイスが英語です。要するに語学力が必要になるのです。が、語学力に関しては「習うより慣れろ」だと思います。実際、これを機会に私は英語の必要性をひしひしと感じ、少しづつ英語を勉強しています。おかげで、英語なんてまったく話すことのできなかった私が、ある程度の会話であれば、スラスラできるようになりました。

第2節　口座開設

（1）HSBCパワーバンテージの口座開設

　HSBC（香港上海銀行）には、「Easy Saving」「Super Ease」「Power Vantage」「Premier」など、さまざまなランクの口座がありますが、ここでは、HSBCの一番人気商品「HSBCパワーバンテージ（HSBC Power Vantage）」の手続きについてご紹介します。

　2005年7月現在、口座開設に必要な書類はパスポートと英文で日本の住所を証明できる書類、この2点です（このルールはころころ変わりますので、念のため、事前確認が必要です）。

　HSBCパワーバンテージは、日本円にして約14万円程度から口座開設できます。最低でも14万円の日本円をポケットに入れて持っていく必要がありますので、スリやひったくりにはくれぐれも注意しましょう。ちなみに、100万円以上の現金の持ち出しは税関での申告が必要ですので最初の預け入れはせいぜい数十万円に抑えておくのが無難です。

```
1．パスポート
2．住所証明書類
3．現金
```

　この3点を持ち、早速香港に飛んでHSBCを訪問してみましょう。なお、香港の銀行の営業時間は以下の通りです。

営業時間
午前 9:00 － 午後 4:30 （月－金）
午前 9:00 － 午後 0:30 （土）

※現地の旗日は日本と違いますので、日本では平日でも現地では祝日の場合があります。ちなみに香港の旗日はこちらで確認ください。

■チャイナワールドの「香港中国カレンダー」
http://www.chinaworld.com.hk/cgi-bin/chinacal/chinacal.cgi

以下、主要な本支店の連絡先と所在地です。
■HSBC（香港上海銀行）本店
（Hong Kong Office and HSBC Premier Centre and Financial Management Centre）
住所：1 Queen's Road, Central, HongKong
電話：[852] 2537 0361　Fax: [852] 2899 8810

■HSBC（香港上海銀行）尖沙咀支店
（Tsim Sha Tsui Branch and HSBC Premier Centre）
住所：82-84 Nathan Road, Tsim Sha Tsui, Kowloon, HongKong
電話: [852] 2733 9111 Fax: [852] 2311 2795

■HSBC（香港上海銀行）銅鑼湾支店
（Causeway Bay Branch and Day & Night Banking Centre）
住所：1/F, Causeway Bay Plaza 2, 463-483 Lockhart Road, Causeway Bay, Hong Kong
電話: [852] 2577 5413 Fax: [852] 2576 1034

　銀行に行ったらまず、銀行の係員（館内に立っている人で

構いません）に、「Excuse me? I'd like to open the POWERVANTAGE Account.（すみません。パワーバンテージ口座を開設したいのですが)」と言ってください。

　すると、係員が親切にフィナンシャルプランナー（以下FPと言います）のところへ案内してくれます。FPのカウンターへ行って、本人確認＆ちょっとしたインタビューを受けます。主に、以下の内容に関して聞かれます。いや、厳密に言うと、「回答用紙」のようなものがありますので、これに答えをどんどん記入していくことになります。

●名前
●住所、連絡先
●生年月日
●職業、勤務年数
●家族構成
●資産内容
●年収
●運用金額
●運用目的　など

　後述しますが、投資口座（Investment Account）を同時に開設する場合は、その旨を伝えてください。こちらが何も言わないと、株やファンドなどの投資口座を同時に開設してくれない場合があります。適当なタイミングで、「I'd like to open the POWERVANTAGE Investment Account.（投資口座も開設したいのですが)」と伝えればＯＫ。投資口座もパッケージされます（開設は無料です）。

ただ、現地で投資口座を開設できなくても、後日、メールオーダー（書類郵送）で即座にオープンできますので、特に問題はありません。私は日本へ帰国してから投資口座の開設を申し込みました。指定の書類に記入して、口座を開設した本支店宛に郵送するだけです（詳細は後述）。

　ここで、HSBC行員とのさまざまなやりとりについての私の印象を申し上げましょう。みなさんとても若くてフレッシュで、笑顔で丁寧に対応してくれます。手数料は世界最高、サービスは世界最低と言われている日本の銀行とは大違いです。加えて、本店はとてもゆったりしたサロンの雰囲気を醸し出しています。

　本店はすべての開設カウンターがブースで仕切られ、個々にFPがついてくださります。英語のわからない人でも、周囲を気にせずじっくり担当者とお話できるので言葉の壁は何とかなると思います。

　インタビュー内容をひとつひとつ、行員がパソコンに打ち込んでいきます。この作業に30分程度かかります。その間、適当に行員と雑談してみましょう。30分程度の雑談後、打ち込んだ内容がプリントアウトされますので、それを確認してサインすればひとまずHSBC Power Vantage口座の開設は完了です。

　口座番号と、ＡＴＭ用パスワードが記載された封筒と、ＡＴＭカード、小切手、ハンドブックが手渡されます。そして、これらの使い方や注意事項などを開設を担当してくれたFPが説明してくれます。

　口座開設はこれにて完了ですが、日本から持参している現金を預け入れなくてはなりません。口座開設と現金預入はセクションが違うので、別の窓口に行かなくてはなりません。

なお、この話については第3節で詳述します。

(2) HSBCパワーバンテージの投資用口座の開設

　HSBCパワーバンテージの投資用口座は、後日、日本から郵送で開設することもできます。

　現地で同時に開設してしまえば早いのですが、担当者にほかの投資商品をしつこく迫られる場合もありますので、そういう営業がうっとおしい人は、日本に帰ってからじっくりと商品を選んで、投資用口座を開設するのがよいでしょう。

　日本から、パワーバンテージの投資用口座を開設するには、まず申込書（下記参照）を以下のアドレスからダウンロードする必要があります。

http://www.hsbc.com.hk/hk/personal/forms/pdf/personal/p008.pdf

【HSBC Investment Service Application Formの書き方】

　投資口座開設アプリケーションフォーム（PDFファイルをご覧になるにはアクロバットリーダーが必要です）を印刷して、以下の要領ですべての項目を英語で記入していきます。書き方サンプルの「丸囲みの箇所」のみ記入していってください。

■1枚目
1．支店名記入
　まずパワーバンテージ口座を開設した支店名を記入します。

例えば、本店なら「Main Office」、尖沙咀支店なら「Tsim Sha Tsui Branch」、銅鑼湾支店なら「Causeway Bay Branch」になります。

◆書き方サンプル　1枚目

2．Customer Details（お客様の詳細）

あなたのお名前と、パワーバンテージ口座番号、連絡先の電話番号を記入します。

3．Instruction for Handling Settlement Amounts……

「株や投信の決済、手数料の支払、配当金の受入などをどちらの口座で行いますか？」と聞いています。左側（Power Vantage Savings）が香港ドル普通預金での決済です。右側（Power Vantage Current）が香港ドル当座預金での決済です。

上記いずれの口座からでないと、投資商品を買うことはできません（外貨預金での決済はできません）。香港ドル普通預金か香港ドル当座預金か、どちらかを選んでチェックします。

また、「With secured credit（信用の範囲内で）、Without secured credit（信用の範囲外で）」とも聞いています。これは、口座残高の範囲内で取引を行うか、それとも口座残高以上の信用取引を行うか、どちらかを選ぶものですが、おそらく香港非居住者は信用取引はできないと思います。ですから、上段の「With secured credit」にチェックを入れます。

4．Questionnaire（ご質問）

4－1．Investment Experience（投資経験）

あなたのこれまでの投資経験を記入してください。上段には「今までに投資したことのあるもの」にチェックを入れます。下段には「今までの投資経験年数」の中で当てはまるものにチェックを入れます。

、

4－2．Investment Objectives（投資目的）

あなたの投資目的を記入してください。具体的に言うと「投機かキャピタルゲイン狙いか、インカムゲイン狙いか」を書くことになります。

4－3．Financial Situation（財務状況）

あなたの資産残高を記入してください。1香港ドル≒14円程度で換算すればよいかと思います。

■2枚目
5．あなたのお仕事に関する質問です。

上から、Employment Status（就業状況）、Job Nature（職種）、Job Title（肩書き）、Employment Start Date（勤務開始日）、Name of Employer（会社名）、Monthly Salary（月収）、Employer/Business Industry（業種）の順番になっています。

◆書き方サンプル　2枚目

それぞれ英語で記入、または当てはまるものにチェックします。

　下半分は、Joint Account Holder（共有名義）で口座を開設した方のみ、共有名義人の詳細を記入してください。上記と同じ要領です。単独名義の場合は空欄で構いません。

■3枚目
6．Declaration（同意）

　「X」の右側に、口座開設時に届け出たサインを自筆で記入します。Identification Document Details（身分証明資料）には、Typeに「Passport」、Numberに「あなたのパスポート番号」を記入します。共同名義人がいる場合は、その方のサイン、パスポート番号を右に記入します。

◆書き方サンプル　3枚目

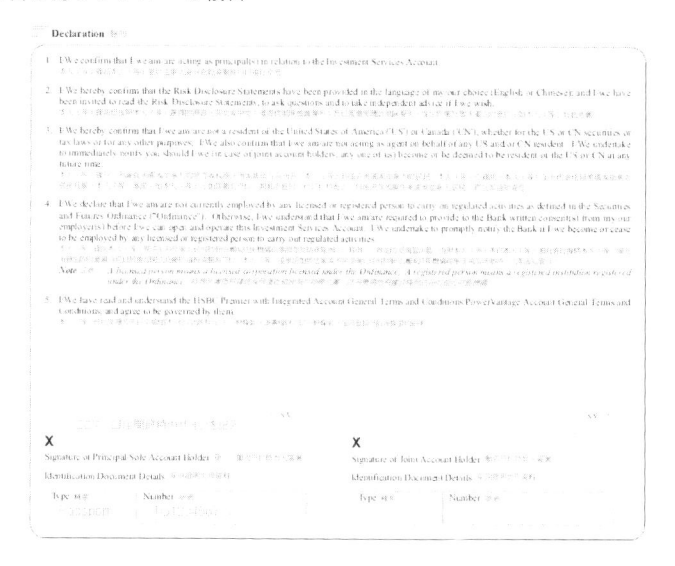

以上が、投資口座開設アプリケーションフォームの記入の仕方です。

　私の場合、書類を郵送した日から4〜5日後には投資口座が開設できました。ちなみに、投資用口座の開設が完了しても、HSBCからは特に何の連絡もありませんので、書類を郵送した後に、こまめにパワーバンテージの画面をチェックしてみましょう。開設が完了すると、パワーバンテージのログイン後の画面が少し変わります。投資画面で商品が選べるようになります。

第3節　日本円の預け入れ

(1) ATMカードをもらう

　口座の開設が完了すると、次のようなATMカードがその場でもらえます。シンプルでなかなかカッコいい。このカードを使って持参した日本円を預け入れます（Initial Deposit）。

　本店の場合は3Fの、尖沙咀支店の場合は2Fの「運籌理財（Power Vantage）」専用窓口で日本円の現金とATMカードを手渡し、お金を預け入れます。

(2) パワーバンテージ専用窓口に並ぶ

　「運籌理財（Power Vantage）」専用窓口は、通常の普通預金口座（Easy Saving）とは別になっており、混んでいてもそれほど並ぶことはありません。せいぜい4～5分くらいです。一応、通常の預金者よりは少しだけ優遇されているとのことです。平日の午後、尖沙咀支店などに行くと、通常の窓口には長蛇の列ができていますが、それを横目に数分で手続き等

が完了できます。

　「運籌理財（Power Vantage）」専用窓口では、日本円の現金とATMカードを手渡し、「Deposit Please（預け入れお願いします）」と言えばOKです。通常は香港ドル普通預金（Hong Kong Dollar Savings Account）に預け入れます。香港ドル当座預金に預け入れたい人は、「Deposit Please」の後に、「Hong Kong Dollar Current」と付け加えてください。米ドル、ユーロ、日本円などの外貨普通預金に預け入れたい場合はそれぞれ「US Dollar Savings」「Euro Savings」「Japanese Yen Savings」などと付け加えてください。

　でも、ATMカードで引き出し、預入、振替などができるのは香港ドルの口座だけなので、さまざまな利便性を考えると、最初は香港ドル普通預金にいくらか入れておくほうがいいでしょう。ちなみに私は今のところ、株やファンド以外はすべて香港ドル普通預金で保有しています。

（3）お客様通知書兼交換明細をもらう

　預け入れが完了すると、「Customer Advice＋Exchange Memo（お客様通知書兼交換明細）」を手渡されます。この紙は、もしものために保管しておきましょう。これを見ると「あぁ、ついに海外の銀行にお金を預けたんだなぁ。オレって国際人〜」と実感すると思います（笑）。

　お客様通知書兼交換明細には以下の情報が記載されています。

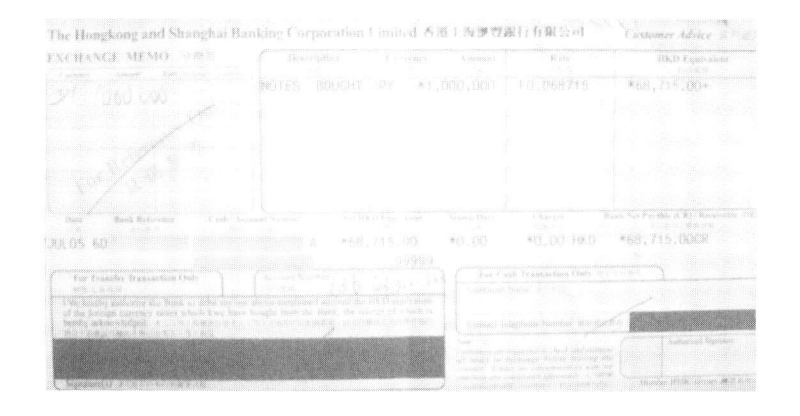

●Date（日付）
●Bank Reference Number（銀行照会番号）
●Account Number（あなたの口座番号とお名前）
●Currency（通貨の種類）
●Amount（金額）
●Rate（交換レート）
●HKD Equivalent（香港ドル換算額）
●Charges（銀行手数料）

　香港では、外貨の持ち込み＆持ち出しは自由なので、預入上限額は今のところないようです（2004年12月にHSBCカスタマーセンターにメールにて確認済み）。ちなみに、日本では

100万円を超える現金及び現金相当物を持ち出すときには税関での申告が必要です。

上記のお客様通知書兼交換明細を受け取ったらATMに行き、早速、残高確認をしてみましょう。ATMカードは、香港内で一度ATMに通さないとカードが有効になりません。要注意です。カードを有効（Activation）の状態にしておかないと、香港はもちろん、日本でも使えませんので、香港滞在中に残高照会のみで構いませんので必ず利用するようにしてください。

◆手数料について

（1）外貨の預入に手数料はかかるか？

外貨から香港ドルに預け入れる場合、入金・為替手数料とも、すべて手数料は無料です。外貨を国内通貨に換えても手数料が無料という話は日本の銀行ではあり得ません。驚くなかれ、交換レートもかなりいいのです。ただし、持ち込んだ外貨をそのまま外貨で預け入れる（Yen→Yen、USD→USDなど）と、預入金額の0.25％が外貨預け入れ手数料として掛かります。

（2）口座維持手数料

HSBCパワーバンテージでは、日本の銀行と比べてもろもろの手数料が安い代わりに、ある一定の残高を下回ると、毎月、「口座維持手数料」を徴収される仕組みになっています。

日本の銀行では「口座維持手数料」という言葉が浸

透していませんが、これは銀行側からすれば休眠口座や架空口座の撤廃に役立つと言われています。日本の銀行は休眠口座の維持管理に大変なコストと労力を注いでいる様子。実際、偽造防止のICカード発行も有料にするか無料にするかで一時、話題に上りました。

　HSBCのパワーバンテージ口座は過去3カ月の平均残高（TRB：Total Relationship Balance）をもとに、以下の基準で口座維持手数料が徴収されます。

■過去3カ月平均残高

	日本円換算残高	口座維持手数料
10万香港ドル以上	約140万円以上	無料
1万〜 9万9999香港ドル	約14万円以上	毎月20香港ドル （約280円）
1万香港ドル未満	約1万4千円未満	毎月60香港ドル （約840円）

（※為替レートは1香港ドル≒14円で計算しています）

　この「過去3カ月平均残高」は、毎月送付されてくるステイトメント（後述）でも確認できますが、インターネット上で確認することもできます。定期的にチェックしてみることが必要です。

　インターネットの場合、まずはパワーバンテージの画面にログインします。ログイン後、「Banking」→

「Account Overview」→「Total Relationship Balance」の順にクリックしていくと、下図のような画面に辿り着きます。

「The Rolling Average Total Rerationship Balance of Previous three monthes is:」。これが過去3カ月間の平均残高です（口座維持手数料の計算の基準になります）。

この過去3カ月平均残高は、香港ドル普通預金だけではなく、香港ドル当座預金や外貨預金、外貨定期預金、株式、ファンド、ゴールドなど、パワーバンテージで管理されているすべての資産の時価総額から算出されます。ですから、株式やファンドなど値動きの大きい商品を購入されている場合、時価が大きく下がると、「先月は口座維持手数料がかからなかったのに、今月は取られた！」ということもあり得ます。注意が必要です。

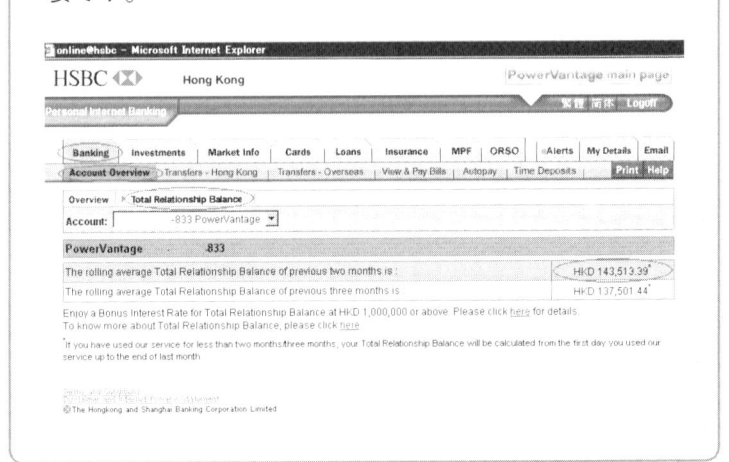

第4節　日本円の引き出しについて

　HSBCパワーバンテージ口座の香港ドル普通預金＆当座預金は、世界各国どこでも、現地通貨で引き出しできます。もちろん、日本国内での「日本円での引き出し」も可能です。ただ、それなりの手数料と引出制限がありますので確認しておきましょう。

（1）HSBC東京支店での日本円の引き出し

　日本では、東京駅八重洲口徒歩5分のところにHSBC東京支店があります。香港ドル普通預金および当座預金から日本円（Japanese Yen）で引き出し（Withdrawal）できます。1回当たりの引出最低額は1万円、上限は20万円までです。引き出しのたびに引出手数料20香港ドル（約280円）が徴収されます。

　HSBC東京支店は日本人向けのリテール業務（個人向け小口業務）を行っていません。主に大企業向け、外国人居住者向けにサービスしているため、ATMもその仕様になっています。ATMの画面表示は、英語表示になりますので、以下の英単語を覚えておきましょう。

●Withdrawal…引き出し
●Transaction…他行への振り込み、口座間振り替え等
●Account Enquiry…残高照会

●Cheque Book Request…小切手帳の追加発行依頼
●Statement Request…英文ステイトメント（取引明細書）の発行依頼
●Change a Language…画面表示を、英語・アラビア語・中国語・フランス語に切替

　なお、小切手の決済はすべて当座預金から引き落とされますので、小切手を使う方は、香港ドル当座預金にも少し資金をシフトしておくといいでしょう。香港ドル普通預金→香港ドル当座預金への振り替えは、インターネットでも、電話でも、HSBC東京支店のATMでもできます。

（2）郵便局での日本円の引き出し

　香港上海銀行独自のATMは東京支店にしかありませんので何かと不便です。引き出しのたびに東京駅まで足を運ぶのは現実的ではありません。ですから、その他のATMを利用する場合は、「PLUS」というグローバルネットワークに繋がれているATMを利用しなくてはいけません。結論から言うと、日本では郵便局のATMを利用することになります（郵便局は「PLUS」のネットワークに繋がれていますので）。

　郵便局のATMを利用する場合は、画面が日本語表示なので、通常の日本の金融機関を利用するのと同様です。特に問題ないと思います。日本のカードは通常4桁ですが、HSBC

のATMパスワードは6桁で設定されています。違和感があるでしょうが、そのまま6桁の入力が可能です。こちらは引き出しのたびに引出手数料25香港ドル（約350円）が徴収されます。

以上のように日本での出金はこまごまとしたと手数料がかかりますので、HSBCパワーバンテージを日本人が利用する場合、生活口座ではなく資産運用口座として活用するのがいいのではないでしょうか。生活口座として利用するならば、明らかに日本の銀行のほうが便利です。

ちなみに香港国内のATMで、香港ドルで引き出すぶんには、もちろん365日、24時間手数料は無料です。

※1　郵便局引き出しの際の注意

先日、以下のようなメールをいただきました。

・・・

いつもお世話になります。1点困ったことがありますので助けてください。HSBCの口座を郵貯から引き出そうとしてミスを4回しました。PINナンバーを間違えて使えなくなりました。リセットするには香港の本店に英語で聞いてくれというのがHSBC東京支店の返事です。今すぐに必要ではないのですが、簡単にリセットして郵貯から出せるほかの方法があれば教えてもらえますか？　だめなら国際電話ですけど。ヒントがあればよろしくお願いします。お忙しいところ申し訳ありません。

・・・

HSBCパワーバンテージなら、日本の郵便局で日本円での引き出しが可能です。しかし、使い方を何度か間違えてしまう

と「エラー」が生じ、そのカードは使用不可能になってしまいます。そのような罠に陥らないように、ここでは郵便局のATMの使い方についてお話しします。

　海外で発行されたATMカードを使って日本の郵便局で現金を引き出す場合、ATMの画面の「郵便貯金お引き出し」のボタンから入りましょう（下の画面写真参照）。「その他のお取り扱い」や「海外の金融機関」を選択したくなる気持ちはわかりますが、それらを選択するとエラーになってしまうのです（実に紛らわしいです）。

　「郵便貯金のお引き出し」のボタンから入って、パスワードは6桁入力でOK。これで、通常通り円での引き出しができます。引き出し手数料は、引き出し1回につき25香港ドル（約350円）かかります。引き出しと同時に、しっかりと香港ドル普通預金から引き落とされます。郵便局で引き出したら、パワーバンテージの画面で確認してみましょう。

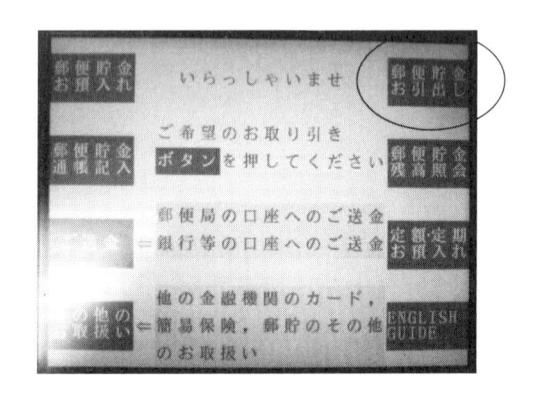

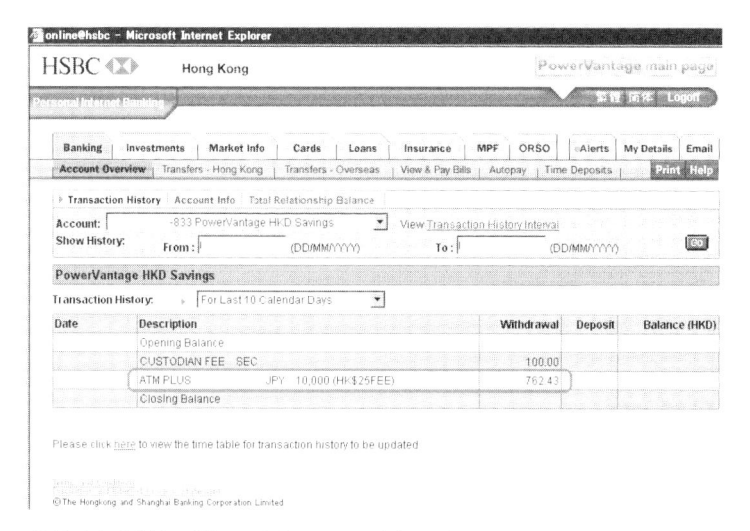

「引き出し手数料25香港ドルを含む 762.43香港ドル」が引き出されています。引き出し手数料25香港ドルを差し引いた、「737.43香港ドル」がこの日の「香港ドル→日本円への両替」になります。

※2　ATMカード再発行の手続き

郵便局での利用手順の誤りや、パスワードの入力ミスなどで、ATMカードが利用不能に陥ってしまった場合、カードの再発行が必要です。

ATMカード再発行の手続きについて。まずは、パワーバンテージのEメールかテレフォンバンキングを使ってHSBC香港にカードが壊れた（もしくは紛失した）連絡をします。そして、専用の書類を取り寄せてから、その書類にサインをして営業部に返送します。

パワーバンテージのEメールは、ログイン後、「Email」→「To HSBC」→「Email Us」とクリックし、「I want to request the reissue of ATM card.」などと、ATMカードの再発行をお願いしたい旨を記入して送信します。

数日後、登録住所に「ATMカードの再発行依頼」の書類が送られてきますので、その書類に必要事項を記入、サインをして返送します。

書類を返送すると、口座開設時の登録住所に新しいカードが郵送されてきます。カードと一緒に「受取確認書類」が同封されていますので、「カードは確かに受け取りました！」という証拠として、その受取確認書類にサインをしてまた返送します。これをやらないと、カードは手元にあるもののアクティブ（有効）になりません。なお、カード再発行の手数料は50香港ドル（約700円）かかります。

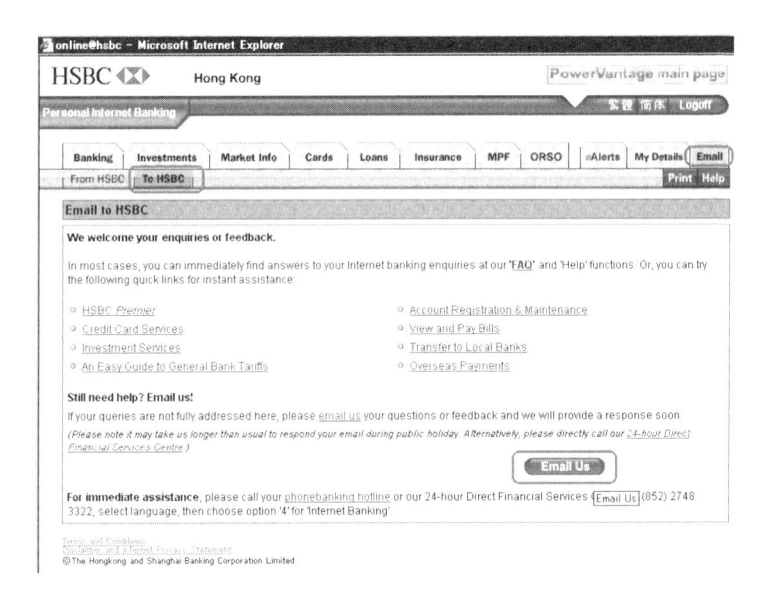

（3）引き出し時のレート

　HSBC東京支店も郵便局も、香港ドルから日本円に自動的に両替されます。日本円で現金を受け取ることになるわけです。ちなみに、両替の手数料はかかりません。ただし、為替レートが関係してきます。

　為替レートはその日のレートが適用されるようですが、ATMの明細書には表示されません。インターネットの取引明細や、毎月送付されてくるステイトメントに適用レートが記載されます。

異なる2つの支店の口座開設

　先日、以下のようなご質問をいただきました。

「2つの支店に口座を開設したら、それぞれに口座維持手数料がかかってくるのでしょうか？」

　この件につきましては、私も疑問に思っていましたので、HSBC香港にメールで質問を送ってみましたところ、翌日返答があり、以下のような答えが返ってきました。

I would like to inform you that different type of accounts (eg PowerVantage account, HK$ passbook savings account, etc) have their own fee structure.
Only one sole account for each account type under the same name and identification number can be opened.

要約すると、「異なったタイプのアカウント(eg PowerVantageアカウント、通帳付き香港ドル預金など)にはそれら自身にそれぞれの料金体系があります。同じ名前とID番号（パスポート）の下におけるそれぞれのアカウントタイプあたり、ひとつの口座しか開くことができません」とのことでした。ということは、「もし、2つの支店に口座を開設したら……」ということ以前に、「それぞれの口座につき、支店に関係なく、1口座しか開設できない」ということなのです。要するに、パワーバンテージはひとつの支店にしか口座開設できません。
　ただ、どうしても「2つの支店に口座開設したい！」という場合は、

●パワーバンテージ、スーパーイース、イージーセイビングなどの違う種類の口座を作る。もしくは、
●異なるパスポート番号を持つパスポートを2つ作る

のどちらかになるでしょう。ただ、あまり意味を為すものではありません。

第5節　その他の情報

(1) 香港のATMについて

　HSBCのATMカードには、香港ドル普通預金の計12桁の口座番号（3桁の店番号＋6桁の口座番号＋3桁の口座種別番号）が印字されていますが、ATMで使えるのは、香港ドル普通預金と当座預金の2口座です。

　カードをATMに挿入すると、「Please Push Your Secret Personal Identification Number（暗証番号を入力してください）」というメッセージが表示されますので、6桁の暗証番号を入力しましょう。パスワードが正しければ、以下のメニューが表示されます。

●Withdrawal…引き出し
●Deposit…預け入れ（ATMによってできないものもあります）
●Transaction…他行への振り込み、口座間振り替え等
●Account Enquiry…残高照会
●Cheque Book Request…小切手帳の追加発行依頼
●Statement Request…英文ステイトメントの発行依頼
●Change Personal Identification Number…暗証番号（PIN）の変更

　ATMの表示は、東京支店のATMとほぼ同じです。上記の英単語を覚えておきましょう。カードを入れて引き出しや預け入れなどの操作画面になると、以下の2つの口座番号が表

示されます。

×××-×××××××－８３３：香港ドル普通預金の口座番号
×××-×××××××－００１：香港ドル当座預金の口座番号
　↑　　　　↑　　　　　↑
店番号　口座番号　　口座種別

（２）引き出しの場合

　普通預金から引き出しを行う場合は×××-×××××××－８３３を、当座預金から引き出しを行う場合には×××-×××××××－００１を選択します。

　上記の操作の後、引き出したい金額を指定します。引き出しは100香港ドル（約1400円）単位です。525香港ドルや1540香港ドルのように、中途半端な単位ではATMだと引き出せません。

　HSBCとハンセン（恒生）銀行のATMは、24時間、365日手数料無料で引き出せます。それ以外の銀行のATMは、25香港ドル（約350円）の手数料が取られます。どちらも1日の引き出し限度額は2万香港ドル（約28万円）です。

　香港には、HSBCやハンセン銀行のATMは数十メートル歩くごとにあちこちにあります。ここで、うっかり別の銀行のATMで引き出して

しまうと300円以上の手数料が取られますので注意しましょう。

　私はうっかりシティバンクのATMで引き出してしまったことがあります。たった350円の手数料ですが、すぐ隣にHSBCのATMがあるのを数分後に気づいてガックリした覚えがあります。

　現金を引き出すと、「Do You Need Customer Advice?（お客様通知書が必要ですか？）」とのメッセージが表示されますので「Yes」を選択して明細書をもらいましょう。取引が終わっても、日本の銀行のように自動的にカードは出てきません。「Take a card」を選択して、自分でカードを抜きましょう。

（3）預け入れの場合

　普通預金へ預け入れする場合は末尾833を、当座預金へ預け入れする場合には末尾001を選択します。香港ドルの紙幣のみ預入れが可能です（外貨やコインは入金できません）。

　入金したい金額を入力して「Enter」を押すと、何と、封筒が出てきます（笑）。これには最初戸惑いましたね。

　さて、口座番号と指定した金額が印字された明細書（Customer Advice）と、現金を入れるための封筒（ATM Deposit Envelope）が出てきたら、確認後、明細書と現金を封筒に入れて封をします。

　「Enter」を押すと、封筒を入れるための投入口が開きますので、そこに封筒を放り込みます。すると、再び口座番号と指定した金額が印字された明細書が出てきますのでそれを受け取ります。封筒に入れたはずの明細書がまた出てくるなん

て手品のようです。この預け入れの作業にはどうしてもなじめません。

　ちなみに、香港のATMでの預け入れは、夜、銀行員が回収して手作業で紙幣を数えてから口座への入金手続きを行うそうなので、パワーバンテージの口座残高に反映されるのは翌営業日になります。香港では、HSBC・スタンダードチャータード銀行・中国銀行と、3つの銀行が3種類の紙幣を流通させているため、システム的にいろいろと問題があるのでしょう。言うまでもありませんが、こちらも最後には「Take a card」を選択して、自分でカードを抜きましょう。

　基本的にATMでの預け入れは私はオススメしません。いまだに不安です。本当に入金されたんだか、されていないんだかで1晩過ごすわけですから……。香港での現金預入れは、基本的に窓口での入金をオススメします。

（4）窓口で預け入れできる外貨は？

　日本の銀行では、窓口に外貨を持ち込むと意味不明な手数料をたくさんとられますが、HSBCの窓口では、さまざまな外国通貨が手数料無料で預け入れできます。HSBCの窓口で預け入れできる通貨は以下の10種類＋香港ドルです。

●オーストラリアドル Australian Dollar（AUD）
　　　（2/22現在 HSBCレート　1 AUD ≒ 82.58 JPY）
●カナダドル Canadian Dollar（CAD）
　　　（2/22現在 HSBCレート　1 CAD ≒ 84.84 JPY）
●ユーロ Euro（EUR）

　　　　（2/22現在 HSBCレート　1 EUR ≒ 137.59 JPY）
●日本円 Japanese Yen（JPY）
●ニュージーランドドル New Zealand Dollar（NZD）
　　　　（2/22現在 HSBCレート　1 NZD ≒ 75.92 JPY）
●英ポンド Pound Sterling（GBP）
　　　　（2/22現在 HSBCレート　1 GBP ≒ 198.47 JPY）
●シンガポールドル Singapore Dollar（SGD）
　　　　（2/22現在 HSBCレート　1 SGD ≒ 64.02 JPY）
●スイスフラン Swiss Franc（CHF）
　　　　（2/22現在 HSBCレート　1 CHF ≒ 89.46 JPY）
●タイバーツ Thai Baht（THB）
　　　　（2/22現在 HSBCレート　1 THB ≒ 2.714 JPY）
●米ドル US Dollar（USD）
　　　　（2/22現在 HSBCレート　1 USD ≒ 104.09 JPY）
→参考レート「HSBC Currency Calculator」

　上記の通貨であれば、「香港ドル普通預金（Hong Kong Dollar Savings）」「香港ドル当座預金（Hong Kong Dollar Current）」に為替手数料なしで入金できるほか、それぞれの通貨に応じた「外貨普通預金（Combinations Savings）」「外貨定期預金（Foreign Currency Time deposit）」に預け入れることができます。どちらも無料ですが、取引日に応じた為替レートが適用されます。ちなみに、HSBCが採用している交換レートは、日本よりもかなり有利なレートになっています。
　外貨を外貨預金に預け入れる場合、中途半端な単位や小額の場合は受け付けてくれないこともあります。これも、支店

や担当者によって対応が変わるケースがあったりと情報はあいまいですが、おおよそ日本円換算で約10万円が外貨普通預金（Combinations Savings）の最低預け入れ金額の目安と言えそうです。

　香港でも、現在低金利が続いていて、外貨預金と言っても残念ながら一概に高金利とは言えません。HSBCパワーバンテージの外貨定期預金で、比較的金利の高い通貨は豪ドル、NZドル、英ポンドです。

　「HSBC Interest Calculator」のサイトでは、HSBCの現在の為替レートや外貨預金の利息計算ができます。

　例えば、「2万豪ドルを12ヶ月定期預金したらいくら利息がつくか？」を調べてみると……。

Deposit Period: 12 Months
Deposit Amount: AUD 20,000.00
Interest Rate: 3.8300%
Maturity Date: 22 Feb 2006
Interest ATMaturity: AUD 766.00

と、出ました。各自円換算してみてください。ちなみに、源泉分離課税はありません。利息は全額受け取れます（くどいですが、受取額が年間20万円を超えると、日本で確定申告＆納税が必要です）。

（５）日本からHSBC香港に海外送金をする

　HSBC香港に口座を開いたはいいものの、頻繁に香港に行かれる方以外は、日本から自分の口座に送金しなくてはなりません。(開設しただけでほったらかしにしておくと口座維持手数料がとられますから)

　香港を含め海外の口座に入金するには、日本から「外国送金手続き」を行います。外国送金は、「郵便局から送金する方法」と「外為業務を扱う銀行から送金する方法」と大きく２種類に分かれます。

① 郵便局からHSBCへの送金

　まずは、郵便局のホームページ（http://www.yu-cho.japanpost.jp）を覗いてみると……。

「ご存知でしたか？郵便局では世界21カ国２地域の銀行口座への送金を取り扱っています。【速い！お手頃！安心！】の銀行口座宛て送金のご用命はお近くの郵便局の窓口へどうぞ！」……と、速くて安い海外送金を売りにしているようです。

　郵便局の行う外国送金手続きは、「住所宛て送金」と「口座宛て送金」の２種類ありますが、郵便局からHSBC香港に外国送金手続きをする場合は、後者の「口座宛て送金」を使います。郵便局の窓口で、「口座宛て送金の外国送金」と伝えましょう。(参考：ゆうちょ　国別交換条件表　香港
http://www.yu-cho.japanpost.jp/s0000000/ssk20594.htm)

送金の方法はさらに2種類あり、送金するお金を窓口で現金で渡す「払込為替」というやり方と、郵貯の口座から直接送金する「振替」というやり方の2種類があります（「振替」の場合は、もちろん郵便局に口座を持っていることが前提になります）。外国送金にかかる手数料は、100万円の送金につき3,000円程度と、銀行に比べてはるかに割安です（参考：ゆうちょ　銀行口座あて海外送金）。
http://www.yu-cho.japanpost.jp/s0000000/ssk20301.htm）

　なお、海外送金の手続きには、以下の書類が必要です。

◎国際郵便振替請求書兼告知書又は国際送金請求書兼告知書（口座宛て送金用）
◎本人確認書類。

　国際送金請求書兼告知書は、郵便局の窓口でもらえます。本人確認書類は、パスポートや運転免許証でOKです。
　送金額が200万円を超えると、金融機関から税務署に通知が行きますが、通知が行ったからといって、別にトラブルになるわけではありません。きれいな税引き後のお金ですから、別に悪いことは何もありません。海外送金は正々堂々とやりましょう。

② **銀行からHSBCへの送金**
　基本的には、手数料を考慮すると外為業務を行う日本の銀行から送金するよりも、手数料の安い郵便局からの送金がいいかと思います。

一般の銀行（外為業務を扱っている銀行）から送金する場合も、郵便局と同じく、

●送金する現金を窓口で手渡して送金する方法
●口座に残高がある銀行に行き、口座から資金を引き出して送金してもらう方法

の2種類の送金になります。
　日本の銀行の場合、送金手数料や為替手数料がとてつもなく高いので、1度の送金につき、7,000円〜10,000円程度の手数料がかかります。「7,000円〜10,000円程度」と幅があるのは、銀行によって各種手数料形態が違うこと、送金手数料や為替手数料のほかに別途取り扱い手数料などと言って、1,500円や2,000円、あるいは送金額の0.05％などがチャージされる場合もあることなどが関係しているためです。
　外替業務を扱う銀行の窓口に行って、「外国送金依頼書を一通ください」というと、外国送金に必要な所定の用紙をもらえます。これに、送金先口座、送金元口座、自分の名前や住所などを記入して、身分証明書と一緒に、現金や送金元口座のカードなどを渡せば送金手続きは完了します。
　なお、小さな支店の場合、外国送金業務に慣れておらず、「外国送金自体を意味もなく断られる」ということもあるようなので、比較的大き目の支店に出向いたほうがいいかと思います。なお、ほかに低コストで送金できる方法としてシティバンク、ロイズTSBのゴーロイズ、日本の証券会社などを利用する送金方法がありますが、初心者向けの送金手続きではありませんので、ここでは割愛させていただきます。ご興味

のある方は、以下のURLをご参照ください。
http//kowloon.livedoor.biz

(6) 第三者 (Third party) への送金

　HSBCパワーバンテージのインターネットバンキングでは、さらなるセキュリティ強化のため、第三者宛てに振り込む場合には、事前に送金先情報とその送金限度額を登録しなくてはなりません。

　例えば、ハンテック証券など（第4章参照）の香港の証券会社に口座を開いたら、株式購入資金を送金するためにその送金先口座をHSBCに登録する必要があります。送金先の登録は、HSBC香港の各本支店窓口まで登録フォームを持参するか、もしくはエアメイルで郵送するかのどちらかですが、わざわざそのためだけに香港の窓口に行ってられませんので、通常、日本からは郵送になります。

　まず、HSBCパワーバンテージの画面にログインして、「My Details」→「Forms」とクリックして次ページの画面に移ります。そして、メニューの中から、Internet Banking Registered Transfer Accounts － Limit Increase and Maintenance Request Formをクリックします。するとインターネットバンキングの送金先と送金限度額の登録用紙が表示されます。

　この表示された画面を印刷しましょう。するとA4サイズで3枚出てきます。印刷された用紙に必要事項を記入して、指定の送付先にエアメイルで送ればオッケーです。エアメイルだと通常1週間前後かかります。EMS（国際スピード郵便）

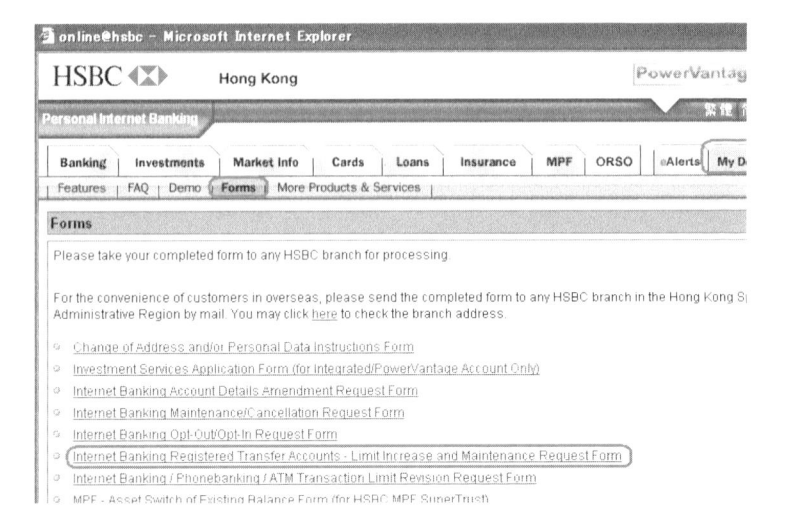

ですと、ちょっと高いですが（と言っても900円ですが）3日程度で届きます。お急ぎの場合はEMSがよいでしょう。最寄りの郵便局で「EMSの袋ください。」と言えばもらえます。

日本の郵便局は海外投資をする者にとって、実はなかなか使い勝手がいいんです。

【送金登録用紙の送付先】

The Hongkong And Shanghai Banking Corporation Limited.
PO Box 72677, Kowloon Central Post Office, Kowloon, Hong Kong.

【記入例】

では、以下記入例を掲載します。まず、最上段に口座のある支店名、記入年月日を記入します。

① Costmer Details（あなたの情報）

あなたのお名前、インターネットバンキングのユーザーID、パスポート番号を記入します。

To: The Hongkong and Shanghai Banking Corporation Limited
香港上海滙豐銀行有限公司

Main Office　　　Branch 分行

Date 日期： 10 / June / 2005

**INTERNET BANKING REGISTERED TRANSFER ACCOUNTS
- LIMIT INCREASE AND MAINTENANCE REQUEST FORM**
「網上理財」登記轉賬戶口一攬子交易服務及更改申請表格

Note 注意： 1. Please complete in Block Letters and tick where applicable. 請 以 正楷填寫 及 在適用的方格內加上 剔號。
2. ALL FIELDS MUST BE COMPLETED IN FULL. INCOMPLETE DETAILS WILL DELAY THE PROCESSING OF YOUR INSTRUCTIONS. 所有項目均須填寫，資料不齊會延誤本行處理閣下指示。

Please return your completed form either (1) by mail, to "The Hongkong and Shanghai Banking Corporation Limited, P.O. Box 72677, Kowloon Central Post Office, Kowloon, Hong Kong", or (2) by visiting your nearest HSBC Branch. Your request will normally be processed within 3 working days upon our receipt of your form. 填妥之表格可 (1) 郵寄至「香港九龍中央郵政局郵政信箱72677 號「香港上海滙豐銀行有限公司」收，或 (2) 交回最近之匯豐分行辦理。本行在收到閣下表格後，一般會在三個工作天內處理。

1. Customer Details 客戶資料

Salutation 稱謂：　☐ Mr 先生　☐ Mrs 太太　☐ Miss 小姐　☐ Ms 女士　☐ Others 其他

Customer Name 客戶名稱
Surname 姓：Suzuki　　Given Name 名：Ichiro　　Other Name 其他名：

Internet Banking User ID 網上理財」使用者名稱：suzuki25

Identification Document Details 身分證明文件資料
Type 種類：　☐ Hong Kong Identity Card 香港身分證　☑ Passport 護照 (Country of Issue 簽發國家：　　)　☐ Others 其他

Number 號碼：TR 123456

---

② Maintenance of Registerd Transfer Accounts Portfolio
（送金先口座の情報）

送金先登録する口座名、口座番号、一日あたりの送金限度額を記入します。Section4は、香港外の口座を登録する場合に記入します。一度に複数の口座を送金先として登録する場合は、次の同じ欄に同じ要領で記入します。

③ Declaration（同意）

あなたの口座番号と、口座開設のときに登録したあなたのサインを記入します。

　以上の要領で用紙に記入し、郵便で香港に送ればOKです。すると数日後にはインターネットからの第三者宛て送金（Third Party Transfer）が可能になります。

では実際に送金指示を出してみましょう。HSBCから第三者（3rd party）への送金は簡単です。ものの1分で完了です。それでは、早速ログインしてみます。

まず、パワーバンテージの画面から、「Banking」→「Transfers Hong Kong」とクリックして、以下の画面に移ります。

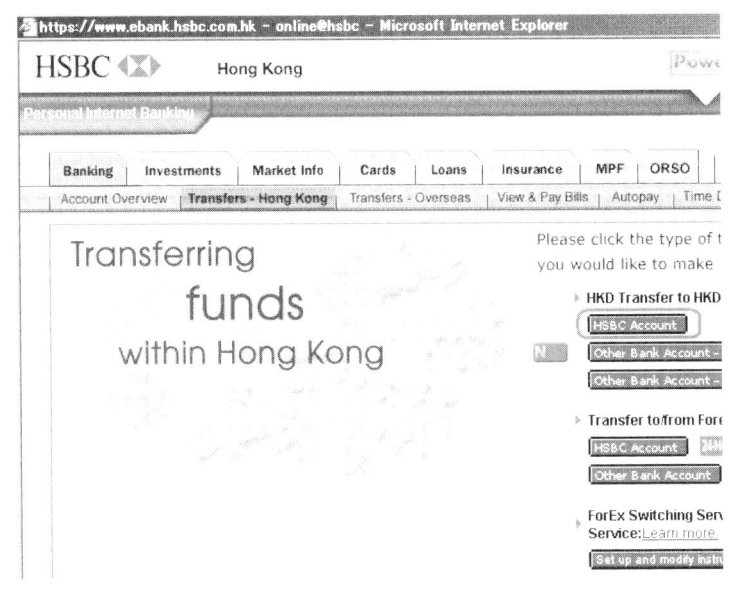

香港内の「HSBC口座」へ送金する場合は「HSBC Account」をクリックします（送金手数料は無料）、香港内の「HSBC以外の口座」へ送金する場合は「Other Bank Account」をクリックします（30香港ドル・約420円）。クリックすると、次へ進みます。

HSBC Hong Kong

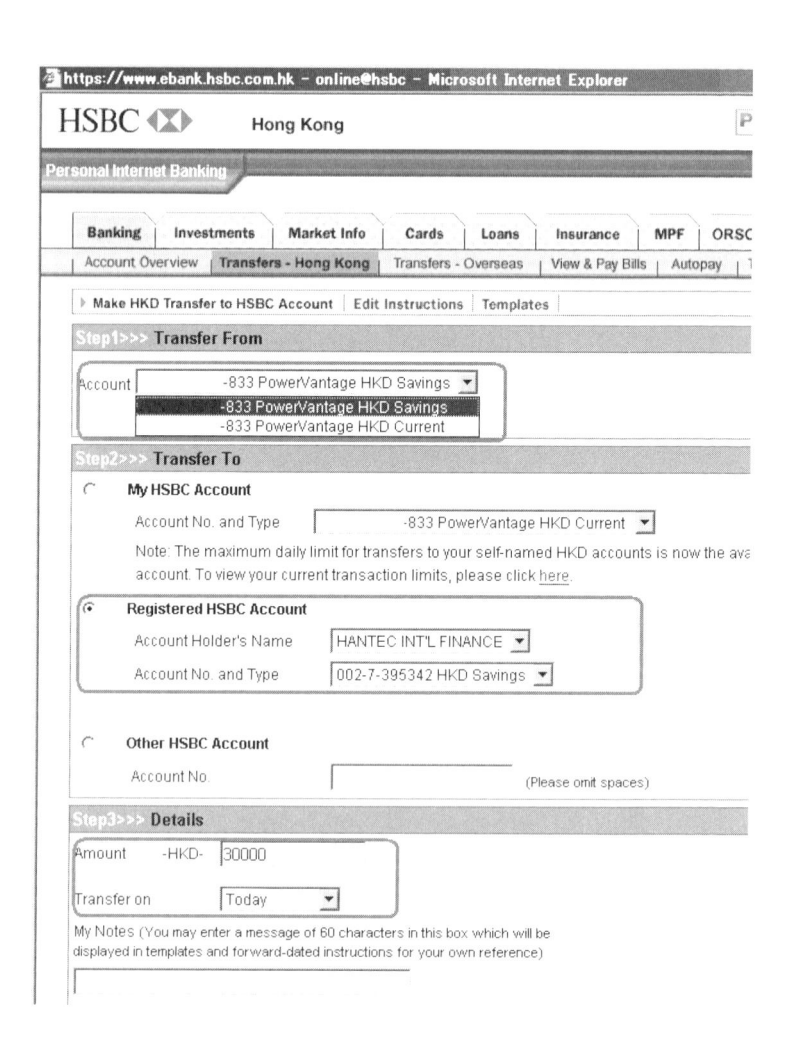

Personal Internet Banking

| Banking | Investments | Market Info | Cards | Loans | Insurance | MPF | ORSC |

Account Overview | **Transfers - Hong Kong** | Transfers - Overseas | View & Pay Bills | Autopay |

▶ **Make HKD Transfer to HSBC Account** | Edit Instructions | Templates

Step1>>> Transfer From

Account: [-833 PowerVantage HKD Savings ▼]
- -833 PowerVantage HKD Savings
- -833 PowerVantage HKD Current

Step2>>> Transfer To

○ **My HSBC Account**

Account No. and Type [-833 PowerVantage HKD Current ▼]

Note: The maximum daily limit for transfers to your self-named HKD accounts is now the ava account. To view your current transaction limits, please click here.

⦿ **Registered HSBC Account**

Account Holder's Name [HANTEC INT'L FINANCE ▼]

Account No. and Type [002-7-395342 HKD Savings ▼]

○ **Other HSBC Account**

Account No. [   ] (Please omit spaces)

Step3>>> Details

Amount -HKD- [30000]

Transfer on [Today ▼]

My Notes (You may enter a message of 60 characters in this box which will be displayed in templates and forward-dated instructions for your own reference)

[   ]

Step 1 >>
Transfer From「どちらの口座から送金しますか？」
　ここでは、香港ドル普通預金（HKD Savings）か、香港ドル当座預金（HKD Current）どちらかを選びます。

Step 2 >>
Transfer To「どちらの口座へ送金しますか？」
　ここでは、真ん中の［Registered HSBC Account（登録済みのHSBC口座）］にチェックを入れて、登録されている送金先口座をドロップダウンリストの中から選びます（ここでは、ハンテック証券への送金先を選択しています）。

Step 3 >>
Details「いくら、いつ、送金しますか？」
　ここでは、送金する金額の指定と日付の指定を行います。Amount（金額・香港ドル単位で）と、Transfer On（日付）を指定して、もしも記録しておきたいメモがあればその下のMy Notesの欄に60文字以内で記録しておきます。

　以上、3つのステップをすべて入力して、画面の一番右下にある「GO」ボタンをクリックすると、確認画面に移り、「Confirm（確認）」ボタンをクリックすると、次ページのような明細が表示されます。
　この明細は、念のため印刷しておくか、パソコンに保存しておきましょう。これで、HSBCから第三者（3rd party）への送金は完了です。ね、簡単でしょ？　ものの1分程度の作業です。これで送金先からタイ株やシンガポール株、米国株

などが、購入できます。

Acknowledgement

Your instruction has been successfully processed. Please note the Reference No. for your records.

Reference No:	N **************
Instruction:	Make HKD Transfer
Transfer From:	********** -833 PowerVantage HKD Savings
Transfer To:	002-7-395342 HKD Savings
Account Holder's Name:	HANTEC INT'L FINANCE
Amount:	HKD 30,000.00
Transfer On:	****** 2005

(7) HSBCパワーバンテージ　ステイトメントの見方

　HSBCのパワーバンテージ口座には通帳はありません。その代わり、ステイトメントいう「取引明細書類」が毎月日本の住所に送付されてきます。このHSBCのステイトメントは、もちろんすべて英語表記ですので見方を覚えておきましょう。裏面は、住所や電話番号などを変更したときの届出用紙になっています。住所変更をした場合は、こちらに記入してHSBC宛てに郵送しましょう。

　ステイトメントの表面の構成は5段表示になっています。

【1段目：Your PowerVantage Portfolio】

　PowerVantageは銀行と投資とセットになった総合口座ですから、すべての残高がここに記されています。すべて香港ド

ル換算額で表示されています。
1.Total in HKD（香港ドル預金の合計）
2.Total in Foreign Currency（外貨預金の合計）
3.Total in Investment Services（投資商品の合計）
4.Total in Gold（ゴールドの合計）
5.Net Position（すべての合計）・・・この金額が口座維持手数料の基準になります。

【2段目：Portfolio Summary】
　2段目は、1段目をさらに細かく分類した「口座番号ごとの残高」が記されています。
1．HKD Savings（香港ドル普通預金の残高）
2．USD Savings（米ドル普通預金の残高）
3．Local Securities（株の残高）
4．Unit Trusts（投資信託の残高）

【3段目：PowerVantage HKD Savings Account Activities】
　3段目は、いわゆる「通帳」です。香港ドル普通預金の1ヶ月間の動きが記載されています。左から、取引日、取引内容、預け入れ、引き出し、残高という具合で普通の通帳と何ら変わりません。ちなみに、利息は複利計算で毎月入ります。

【4段目：PowerVantage USD Savings Account Activities】
　4段目は、米ドル普通預金の通帳になります。これも左から、取引日、取引内容、預け入れ、引き出し、残高という具合で普通の通帳と何ら変わりません。ちなみにこちらも、利息は複利計算で毎月入ります。ほかに、ユーロ、タイバーツ、

豪ドル、NZドルなどのほかの通貨で預金した場合も、同様にここに記載されます。

【5段目：Fee Charged】

　ここの項目は、口座維持手数料の計算の根拠です。口座維持手数料がかかる場合は、その期間ともとになっている金額が記載されます。口座維持手数料がかからない場合は、「No Monthly Service Fee Required（服務月費全免）」と記載されています。

と、ここまでがパワーバンテージのステイトメントに記載されている内容です。「あれっ、株やファンドの明細は？」と思った方もいらっしゃるかもしれませんが、このステイトメントに「3.Total in Investment Services（投資商品の合計）」の内訳は記載されません。HSBCパワーバンテージには、投資サービス用の別のステイトメントがあります。手元に届くのはそれぞれ別の封筒で、通常2～3日のズレで届きます。ステイトメントの色も違います。投資口座のステイトメントには、それぞれ個別の株やファンドの保有銘柄、保有株数（口数）、現在価値などが、毎月記載されて届きます。

STATEMENT OF POWERVANTAGE ACCOUNT
「運籌」理財戶口結單

Page 頁數   1

Account Number 戶口號碼
Statement Date 日期

JAPAN

Your PowerVantage Portfolio 「運籌」理財投資組合	HKD Equivalent 港幣等值
Total in HKD 港幣總額	
Total in Foreign Currency 外幣總額	
Total in Investment 投資服務 Services	
Total in Gold 黃金總額	
Total Overdraft 透支	
Net Position 淨額	

PORTFOLIO SUMMARY 投資總覽

PowerVantage Service 「運籌」服務	CCY 貨幣 Unit 單位	Exch Rate 匯率 / Unit Price 單價	Balance 結餘 (DR=Debit 借方)	HKD Equivalent 港幣等值
Savings 儲蓄	HKD			
FCY Savings 外幣儲蓄	USD			
Investment Services 投資服務				
Local Securities 本地證券	HKD			
Unit Trusts 單位信託 基金	USD			
Total 總計				

ACCOUNT ACTIVITIES 戶口活動

PowerVantage Savings 運籌.儲蓄

Date 日期	Transaction Details 交易詳情	Deposit 存入	Withdrawal 提取	Balance 結餘
7MAY	B/F BALANCE 承前結餘			
17MAY	HSBC MTHLY INV PLAN WTSF7	自動轉賬支出 代客買入		
28MAY	CREDIT INTEREST			
1JUN	CUSTODIAN FEE SEC	託管手續費		
4JUN	ATM PLUS (OMUAROS) JPY 12,000 (HK$806?12)	櫃員機提款海外		

PowerVantage Foreign Currency Savings 運籌.外幣儲蓄

CCY 貨幣	Date 日期	Transaction Details 交易詳情	Deposit 存入	Withdrawal 提取	Balance 結餘
USD	7MAY	B/F BALANCE	承前結餘		

POWERVANTAGE
ACCOUNT

HSBC

STATEMENT OF POWERVANTAGE ACCOUNT
「運籌」理財戶口結單

Page 頁數

Account Number/戶口號碼
Statement Date/日期

FEES CHARGED 收費詳情

Fee 收費	Transaction 交易	Detail 詳情
Monthly Service Fee	no monthly service fee required	Thank you for maintaining your average Total Relationship Balance at $ .... from 1 MAR 2005 to 21 MAY 2005. As a token of our appreciation, your monthly service fee has been waived.
服務月費	無需月費全免	多謝您於2005年3月1日至2005年5月31日期間，將全家總綜合理財戶口的結餘 $ .... 保持於指定金額或以上，本期服務月費全免。

During the next 12 months, HSBC may access your consumer credit information held by a credit reference agency if you hold a credit facility with us. This is for the purpose of consumer credit management, and review of your existing facility which may result in an increase, decrease or cancellation of the credit amount and/or the putting in place of a new repayment arrangement.

在未來十二個月內，本行可能會向信貸資料服務機構查閱客戶的個人信貸資料，以作信貸管理之用。包括會客戶的信貸保證項目等。本行可能會根據，增加或取消客戶的信貸金額及/或另訂還款安排。

HSBCセキュリティデバイス

　HSBCは、オンラインバンキングユーザーのためのセキュリティ強化のため、2005年5月末日から順次、キーホルダーサイズのセキュリティデバイスの配布を開始しました。以下、HSBCのサイトからの引用です。

HSBCは、セキュリティデバイスをユーザに配布することによって、個人的なインターネット銀行業務のセキュリティを高めます。 ボタンの一押しでセキュリティコードを生成し、ログイン時にその入力を求めるものです。これがユーザーのオンラインバンキングトランザクションと財務情報を保護します。セキュリティデバイスは、それぞれの個々の乱数を生成します。そして、一度きりのセキュリティコードを使用することができるのです。このただひとつのセキュリティコードの使用は、権限のないアカウントアクセスに再使用されるところに効果的です。phishingや、keylogger trojanや、リモートハッキングやスクリーンのキャプチャすることなどの、「詐欺的な活動」に対する顧客保護を提供する目的です。現在、香港に87万人以上のインターネットバンキング顧客がいますが、セキュリティデバ

イスをユーザーすべてに配布する予定です。すべての ユーザにセキュリティデバイスを配布するというのは 非常な大きな仕事ではありますが、これがHSBCのオン ラインサービスの保全、信頼性、およびセキュリティ を高める価値がある行動であると信じています。私た ちの顧客ベースのサイズを考えると、これが世界一の セキュリティデバイス公開になると信じています。ま た、香港に加えて、私たちはアジアすべてのユーザに セキュリティデバイスを配布する計画を持っています。 5月30日に、香港の顧客へのセキュリティデバイスの初 公開は12カ月の期間で配布完了を予定しています。 ま た、アジア全域のHSBCのユーザーへの配布開始は12カ 月〜18カ月後になるでしょう。

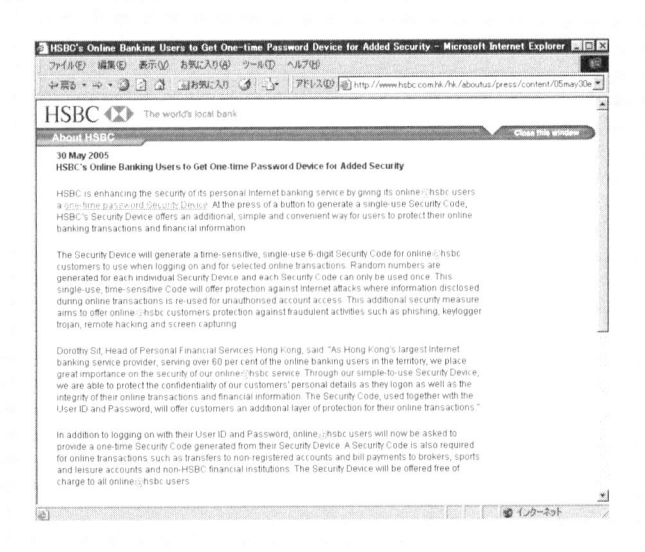

スタンダードチャータード銀行の口座開設と利用法

第3章

第1節　スタンダードチャータード銀行の概要

　香港には、ブルー＆グリーンの優しいカラーが目印のスタンダードチャータード銀行があります。HSBC（香港上海銀行）と同様、香港の紙幣発券業務の約1割を担っています。

　スタンダードチャータード銀行は、インドを拠点とするチャータード銀行と南アフリカを拠点とするスタンダード銀行が合併して1969年に誕生しました。エマージング（新興諸国）市場に特化した英国資本の植民地銀行です。

　スタンダードチャータード銀行では、HSBCのパワーバンテージに相当するサービスがエクセルバンキング（Excel Banking Service）で、常時、150,000香港ドル（約210万円）の残高キープで口座維持手数料は無料になります。ここではそのワンランク下のイージーバンキングサービス（Easy Banking Service）をご紹介します。

　「Easy Banking Service」は、常時10,000香港ドル（約14万円）の残高をキープしていれば口座維持手数料は不要です。残高が10,000香港ドル未満の場合は3ヶ月ごとに120香港ドル（約1,800円の口座維持手数料）が引き落とされることになります。ちなみにHSBCには、Easy Savingという

普通預金のみの生活口座がありますが、このEasy Bankingは、"Easy"という名前ではありますが、オプションで投資用口座をつけることが可能です。

スタンダードチャータード銀行の「Easy Banking Service」には、インターネットでスイッチング可能なマルチカレンシー口座（香港ドルのほか、米ドル、英ポンド、日本円、豪ドル、NZドル、カナダドル、スイスフラン、ユーロ）がパッケージされています（取り扱い通貨の種類はHSBCやシティのほうが豊富）。そしてもちろん、Investment Accountをパッケージすることも可能なのでファンドも購入できます（株は買えません）。S&P格付けも「A評価」と高く、フォーブスの企業評価でも世界の金融機関ランキングで上位に食い込んでいます。

インドやアフリカに大型拠点を持つ銀行なので、新興国投資に対しては最も強烈な可能性を秘めています。中期的な視野で大変楽しみにしています。

営業時間：
午前 9:00 － 午後 4:30 （月－金）
午前 9:00 － 午後 0:30 （土）

所在地：
場所は、地下鉄セントラルの駅前、HSBC本店のすぐ隣にあります。
住所：Standard Charterd Bank Building,
　　　4-4A Des Voeux Road Central, Hongkong
電話：+852-2821-1756

第2節　口座開設

(1) Easy Banking 口座を開設しよう

　本店ビルの厳かなエントランスを突き抜けて、1Fを奥まで進んでいくと、ブースで仕切られた「お客様カウンター」のようなコーナーがあります。そこにいる係員に「I'd like to open the EASY BANKING account」と伝えると、別ブースに案内されます。そのブース内で担当者のヒアリングを受けたり、申込書類（Apprication form）に必要事項を記入したりします。

　2005年4月8日時点では、日本人が口座開設に必要な書類は、

> 1．パスポート
> 2．英文で住所を証明できる書類

の2点です。紹介者が必要だったり、英文によるバンクリファレンスが必要だったりということは今のところないようです。しかし、スタンダードチャータード銀行では「顧客とのコミュニケーション」を重視しており、口座開設の時点で担当者と英語でのやりとりができない方に関しては口座開設を拒否されます（2005年7月現在）。相手の質問にスラスラと答えられる英語力を必要とします。

　ただ「英文で住所を証明できる書類」というのがなかなか難しいかもしれません。これには日本で発行する国際運転免許証が有効です（運転免許試験場や指定の警察署で、2時間

程度で発行されます)。もちろん他行のバンクステイトメントでもOKです。他行との銀行取引があるかどうかというのは、それほど重要ではないようです。ですから、バンクステイトメントの内容にそれほど敏感になる必要はありません。

　パスポートとステイトメント(取引明細書)を担当者に手渡すと、コピーをとられます。そのコピーを見ながら、担当者が記入できるものは記入してくれますが、それ以外の箇所——例えば、会社名、会社住所、電話、職種、収入など——については、「書いてくれ」と言われます。といっても、開設申込用紙はA4用紙1枚ですので、自分で書く欄ははほんの数カ所です。ものの4～5分の作業です。

　記入し終えた開設申込書類をもとに、担当者がPCに情報を打ち込んでいきます(この流れは、HSBCの口座開設と同じです)。開設が完了すると、「Easy Banking First Step Guide」と、名前と口座番号が記入された「Customer Card」が手渡されます。私の場合は、当座預金は開設しなかったので、小切手はもらいませんでしたが、当座預金を開設すると、一緒に小切手帳ももらえます。

　スタンダードチャータード銀行のEasy Banking Serviceは、HSBCパワーバンテージと違い、その日のうちにATMカードを受け取れません。後日、日本の登録住所に送付されてきます。ですので、口座を開設したときに渡され

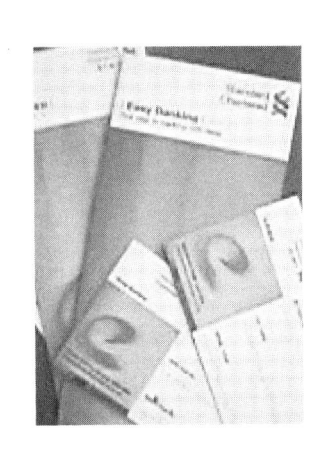

る「Customer Card」は、当日窓口で現金を預け入れるのに必要なATMカードの代用として使います。

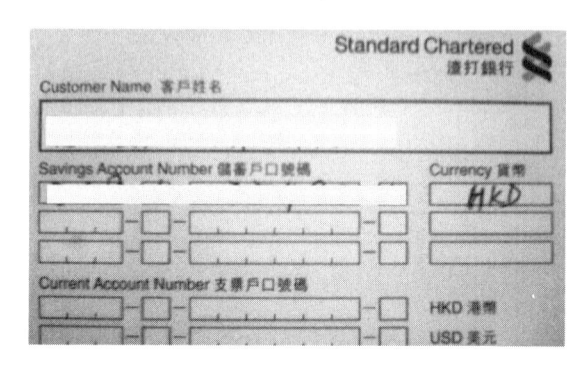

（2）投資口座も同時に開設しよう

　口座開設が完了した後に、担当者に「投資口座も同時に開設したい」という旨を伝えると、FP（Financial Planner）のいる別ブースに案内されます。そこで、前述の「Customer Card」を手渡し、「I'd like to open the investment account」と伝えます。ここで「どんなものに投資したいか？」と聞かれますので、「Latin america, India, Russia……」などと、自分が投資してみたいセクターを言うと、それらのファンド類をずらりとプリントアウトして説明してくれます。

　その場で買う意志がないときは、「I order later from Japan（今は買わないけど、後で日本から注文する）」という意志を伝えましょう。でないと、次から次へといろいろな商品を薦められてしまいます。ちなみに、HSBCのように後日、郵送による投資口座開設はできないと言われました。

第3節　日本円の預け入れ

(1) 日本円の現金を預け入れよう

　投資口座の開設が完了したら、すぐ裏手にある預入窓口（Easy Banking Counter）に行き、持参した日本円と前述の「Customer Card」を手渡し、「Deposit Please to Hong kong Dollar Savings（香港ドル普通預金）」と伝えてください。初回預け入れ（Initial Deposit）最低額は、1,000香港ドル（約14,000円）相当額です。米ドル普通預金の場合は、Hong kong Dollarの部分をUS Dollarにしましょう。

　すると、目の前で現金を数えて、預け入れが完了。「HK Dollar Deposit Slip」という香港ドル預入明細（黄色い紙）がもらえます。これは控えとして保管しておきましょう。HK Dollar Deposit Slipには、日付や時間、口座番号、名前、通貨、レートなどが記載されています。

　ちなみに、同じ日に日本円を香港ドルに換えましたが、HSBCだと「10,000円当たり711.8香港ドル」に対し、スタンダ

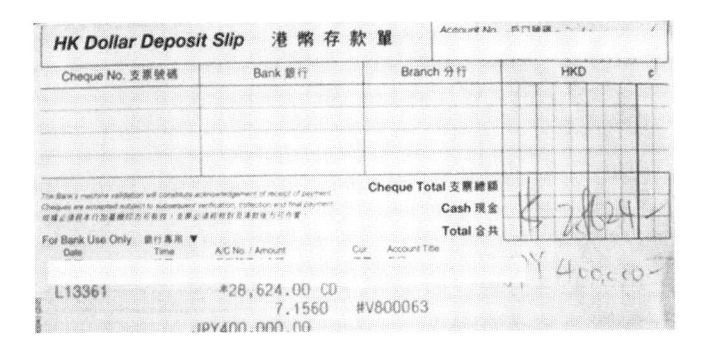

ードチャータード銀行では「10,000円あたり、715.6香港ドル」となっていました。2005年4月現在、日本円→香港ドルの両替は、スタンダードチャータード銀行のほうがレートがいいようです。ちなみに、為替手数料や入金手数料は一切ありません（実際は、日本で言うところの為替手数料は、交換レートに加味されています）。

（2）口座維持手数料について

スタンダードチャータード銀行の「Easy Banking Service」は、過去3ヶ月間の平均口座残高（投資口座含む）が10,000香港ドル（約14万円）以上あれば、口座維持手数料は無料です。10,000万香港ドルに満たない場合は、3ヶ月ごとに120香港ドル（約1,680円）の口座維持手数料が徴収されます。以下は、Easy Bankingのファーストステップガイドからの引用です。

＜＜Easy Banking Fees＞＞

*Easy Banking service is available to you free of charge as long as your combined average daily relationship balance for the past 3 months exceeds the minimum requirement of HK$10,000.

Otherwise, a maintenance fee of HK$120 per quarter will apply.

The Easy Banking relationship balance includes the aggregate balance of deposits, investment, accumulated premium of selected insurance and any utilised amounts in your secured/unsecured overdraft facilities.

100,000香港ドル（約140万円）に満たないと口座維持手数料を徴収されるHSBCパワーバンテージと比べると、スタンダードチャータード銀行のEasy Banking Serviceのほうが資金的な敷居が低く手が出しやすいと言えます。ただ、前述したように、英語でのコミュニケーションの面で多少敷居が高いため、英語力に自信のない方にはHSBCをお奨めします。

　ただ、HSBCのパワーバンテージでは、オンラインで香港株やオフショアファンド、ゴールドなどが購入できるのに対し、Easy Bankingでは香港株やゴールドは買えず、オフショアファンドは電話かFAXでの注文になります。ひとつのアカウントをワンストップサービスで活用しようと思うと、HSBCのほうが便利です。

　とはいうものの、香港の地場証券を利用しようと思うと、どちらにしても香港内の銀行口座は必要ですし、HSBCで株を買う必要はありませんので（香港の地場証券はほとんどがHSBCよりも手数料が安いのです）、香港の地場証券と香港内の銀行口座（株式購入用の送金元口座）と二刀流で活用しようと思うのなら、Easy Bankingで事足りると思います。

　スタンダードチャータード銀行は、HSBCと比べて為替の交換レートが良いので、私は「香港での現金引き出し口座＆外貨預金口座」として活用しています。

第4節　日本円の引き出し

　スタンダードチャータード銀行「Easy Banking Service」の香港ドル普通預金＆当座預金ではHSBCパワーバンテージ同様、世界各国、現地通貨での引き出しが可能です。もちろん、日本国内での「日本円での引き出し」も可能です。しかし、それなりの手数料と引出制限がありますので確認しておきましょう。

（１）スタンダードチャータード銀行東京支店
　日本では、溜池山王駅7番出口直結、山王パークタワーの21階にスタンダードチャータード銀行東京支店があります。こちらは法人向けの大口金融のみを扱っています。ATMマシンはなく、もちろん引き出しも預け入れもできません。

　スタンダードチャータード銀行東京支店は、日本でホールセールバンキング（卸売）業務を展開しています。日本企業や銀行のメインバンクとして貿易取引業務に関するサービスを提供していますので、通常の個人顧客に対する営業は、今のところ一切行っておりません。しかし、近々、日本のリテール業務を行うための支店を設けるという報道がありました。スタンダードチャータード銀行を日本人が日本で利用する日もそう遠くはないかもしれません。

（2）郵便局での日本円の引き出し

　その他のATMを利用する場合は、「Cirrus（シーラス）」というグローバルネットワークに繋がれているATMを利用しなくてはいけません。日本で引き出す場合、郵便局が一般的になる——郵便局のATMは、ほぼ「Cirrus」のネットワークに繋がれていますので——でしょう。「Cirrus」は、MasterCardが所有する世界規模のATMネットワークのことです。

　郵便局のATMを利用する場合は、画面が日本語表示なので簡単、通常の日本の金融機関を利用するのと同じです。スタンダードチャータード銀行のATMパスワードもHSBC同様、6桁で設定されています。そのまま6桁の入力が可能です。引き出しのたびに、引出手数料25香港ドル（約350円）が徴収されます。

（3）引き出し時のレート

　通貨は香港ドルから日本円に自動的に両替されますので、日本円で現金を受け取ることになります。両替の手数料はかからないこと、その代わり為替レートが関係してくることはHSBCと同じです。

　ちなみに香港国内のATMで、香港ドルで引き出すぶんには、365日24時間手数料無料です。スタンダードチャータード銀行もHSBC同様に、香港ではあちこちにATMマシンが設置されています。

第5節　その他の情報

（1）オンラインバンキングの登録

　口座開設数日後、スタンダードチャータード銀行からエアメールでATMカードが自宅に届きます。早速、封を開けてみると、ブルーとグリーンのラインでなかなかいかしたカードが入っています。

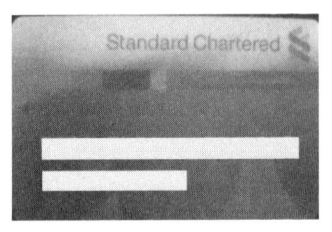

　表面には4×4の16桁の口座番号と名前が刻印されており、裏面にはサイン欄とCirrus（シーラス）のロゴマークが表示されてます。CirrusネットワークのATMであれば、世界中どこでも現地通貨での引き出しが可能です。

　インターネットを使ったオンラインバンキングは、このATMカードが手元に届かないと利用登録ができません。ATMカードが届いたらまずはスタンダードチャータード銀行のサイト（※）にアクセスしてみましょう（※：http://www.standardchartered.com/global/）。

　すると、「その1」のような画面になります。左メニューから、「Internet Banking」→「Hong Kong」→「Register Now」と進んでクリックします。規則のような長い文章がずらずらと表示されますが、画面の一番下までスクロールして、「Agree（同意します）」のボタンをクリック。英語力のある方や、この長い文章に興味のある方は、ぜひ最後まで読んでみてください。

◆その1

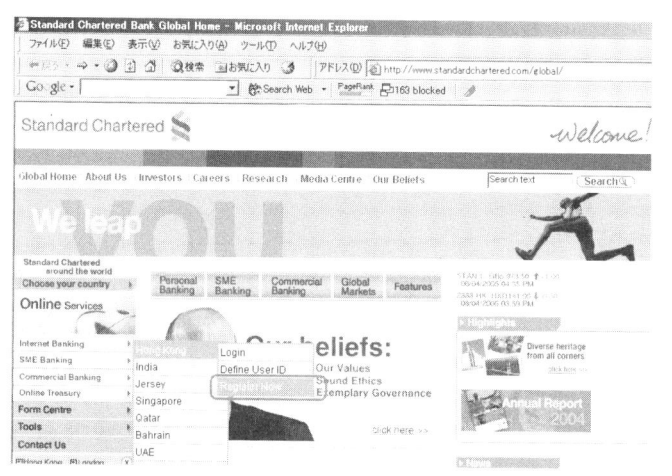

次に「Phone Banking Card Number」と「Password」を入れる画面に進みます。

「Phone Banking Card Number」には、送られてきたATMカードに刻印されている16桁の番号を入力します。カードが手元に届かないとインターネットバンキングの利用登録ができない理由はここにあります（その2参照）。

「Password」とは、口座開設時に受け取った「Phone Banking Services」と書かれた封筒の中にある青で印字された6桁の数字のことです（Phone Banking兼用パスワード）。ちなみに口座開設時に受け取る、番号の記入された「Customer Card」は、インターネットバンキングの登録とはまったく関係ありませんので注意してください。私はわからずに、それで何度も登録しようと試みてしまいました。もちろんエラー続出です。

◆その2

「Phone Banking Card Number」と「Password」を入れて「NEXT」ボタンをクリックすると、次にネットバンキング用のユーザーIDとパスワードを設定する画面に進みます。ここで、8桁〜16桁のお好きなIDとパスワードを設定します。ここで設定するIDとパスワードが、ログイン時のID、パスワードになります（その3参照）。

「ユーザーID、パスワード、パスワードを念のため再入力」で「Submit」ボタンをクリックすると、「Transaction Complete（無事送信されました）」の画面に切り替わり、Reference Numberと、登録されたユーザーIDが表示されます。Reference Numberは、もしものときのために念のためメモしておきましょう（その4参照）。

これでスタンダードチャータード銀行 Easy Banking Service のインターネットバンキング利用登録の完了です。ロ

◆その3

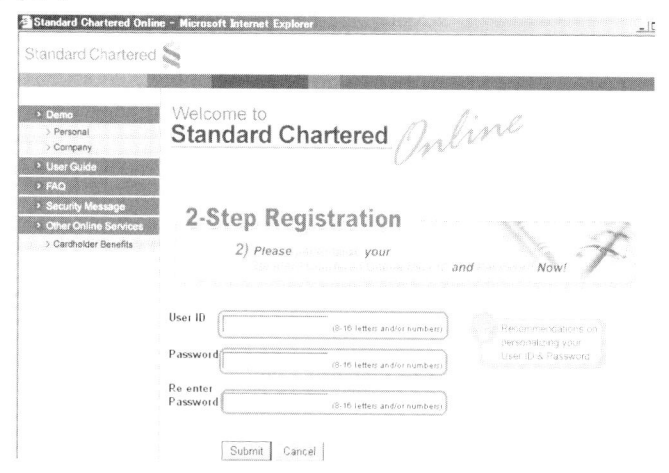

◆その4

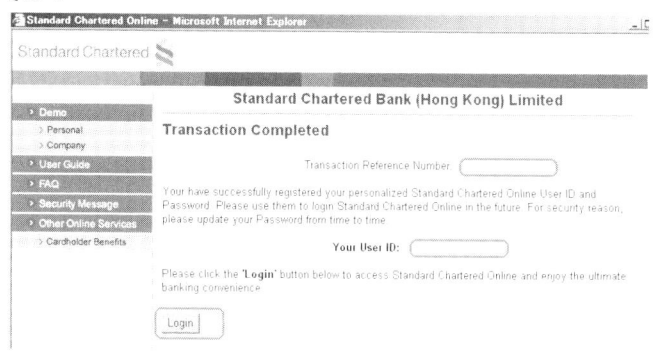

グインボタンをクリックして、次の画面に進み、名前とメールアドレスを入力するとログインできます（名前とメールアドレスの入力は2回目以降のログインでは必要ありません）

　ログインされると、次ページのようなスタート画面が表示

されます。個人的な感想としては、HSBCパワーバンテージよりも「スッキリしていて使いやすそうだな」という印象です。

オンラインバンキングのメニューは上から順に、

- Account Info（口座情報）
- Funds Transfer（送金）
- Bill Payment（料金の支払い）
- Investment Services（投資サービス）
- Card Services（カードサービス）
- Online Aprications（オンライン申し込み）
- Personal Update（個人情報の更新）
- Market Watch（マーケット情報）

となります。

◆その5

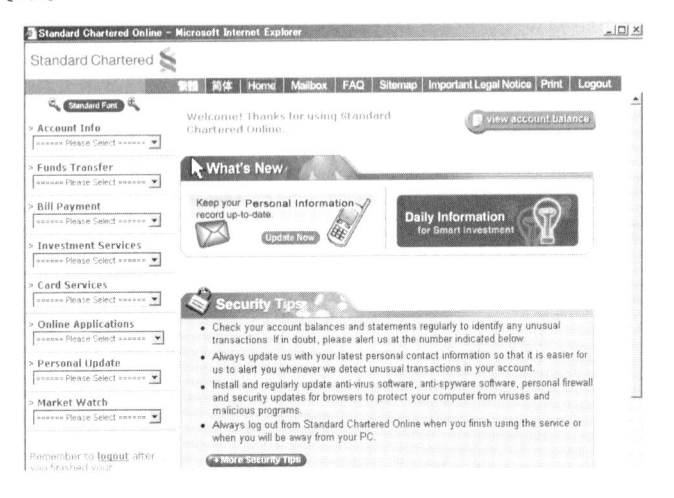

（２）スタンダードチャータード銀行EasyBanking ステイトメントの見方

　スタンダードチャータード銀行のステイトメントはブルーとグリーンの２色刷りで、見た目もカッコイイです。何度も言ってますが、このテイストは個人的にHSBCよりも好きですね。さて、封を開けてざーっと眺めて見ると……。書いてあることや、フォーマットそのものはHSBCのそれと何ら変わりありません。まぁ言ってみれば、無難で見やすいステイトメントです。裏面は、HSBCのステイトメントと同様に、住所や電話番号などを変更したときの届出用紙になっています。住所変更をした場合は、こちらに記入してスタンダードチャータード銀行宛てに郵送しましょう。ステイトメントの表面の構成は5段表示になっています。

【１段目：Your Financial Status】

　Easy Bankingは銀行と投資とセットになった総合口座ですから、すべての残高がここに記されています。

1.DEPOSITS（預金）
　　1-1.HKD Deposits（香港ドル預金）の残高
　　1-2.CNY Deposits（人民元預金）の残高
　　1-3.FX Deposits（その他外貨）の残高
2.INVESTMENT（投資）
　　2-1.Securities（株式）の残高
　　2-2.Investment Funds（投資信託）の残高
　　2-3.Gold（ゴールド）の残高
　　2-4.Currency Trading（為替取引）の残高
※ここまでの合計が、口座維持手数料の基準になります。

3.PERSONAL LOANS（借入金）
　3-1.Instalment Loans（ローン）の利用残高
　3-2.Overdrafts（当座借越）の利用残高
　3-4.Credit Cards（クレジットカード）の利用残高
4.NET POSITION（1＋2＋3の合計）
5.INSURANCE（保険）
6.MORTGAGES（抵当）
1段目のYour Financial Statusはこのような構成になっています。

【2段目：Your Account Balance】
　2段目は、「口座番号ごとの残高」が記されています。
1.HKD Savings Account（香港ドル普通預金口座）
　口座番号***-*-******-*の残高
2.Investment Fund Account（投資信託口座）
　口座番号***-*-******-*の残高

【3段目：HKD Savings Account Activities】
　3段目は、いわゆる「通帳」ですね。香港ドル普通預金の1ヶ月間の動きが記載されています。左から、取引日、取引内容、預け入れ、引き出し、残高という具合で普通の通帳と何ら変わりません。

【4段目：Invest Pro】
　スタンダードチャータード銀行で投資をするとポイントがもらえるようです。
1.Change in Investment Points this month（今月投資分のポ

イント)
2.Accumulative Investment Point（累積投資分のポイント）

【5段目：Investment Fund Account】
　ここの項目は、保有ファンドの明細欄です。左から、ファンド名、単位、買い値、買った日、時価合計額、香港ドル換算額という表示になっております。

　このような海外の銀行のステイトメントは、証券口座開設にも大きな威力を発揮しますので、大切に保管しておきましょう。

Standard Chartered

consolidated statement
各日々合并結算

| Statement Date 帳單日期: 20 Apr 2005 | Page 頁: 1 of 1 |

YOUR FINANCIAL STATUS 閣下之户口產立總結

AS AT STATEMENT DATE (IN HKD EQUIVALENT) 截至帳單日期 (以港幣為單位)

1. DEPOSITS 存款		
HKD Deposits 港幣		
CNY Deposits 人民幣		
FX Deposits 外幣	0.00	
2. INVESTMENTS 投資		0.00
Securities 証券投資	0.00	
Investment Funds 基金投資	0.00	
Gold 黃金	0.00	
Currency Trading 貨幣投資	0.00	
3. PERSONAL LOANS 個人貸款		0.00
Instalment Loans 分期	0.00	
Overdrafts 透支	0.00	
Credit Cards 信用卡	0.00	
4. NET POSITION 現時總額 (1+2-3)		
5. INSURANCE 保險		0.00
6. MORTGAGES 樓宇按揭		0.00

EASY BANKING

YOUR ACCOUNT BALANCES 閣下各户口之結存

Account Type 户口種類	Account Number 户口號碼	Currency Balance 外幣結存	HKD Balance or equivalent 結存 (以港幣為單位)
HKD Savings Account 港元儲蓄户口			
Investment Fund Account 基金投資户口			0.00

YOUR ACCOUNT ACTIVITIES 閣下各户口之電支記錄

HKD SAVINGS ACCOUNT 港元儲蓄户口

Date 日期	Description 帳支詳情	Deposit 存款	Withdrawal 提款	HKD Balance 港幣結存
	BALANCE FROM PREVIOUS STATEMENT 户口之前期結餘			0.00
08 Apr	CASH DEPOSIT JPY 7,000			
20 Apr	CLOSING BALANCE 帳數結餘			

InvestPro 步步投資策畫

Current Investment Zone 現時範圍: A	
Change in Investment Points this month 本月投資積分	0
Accumulative Investment Points 累積投資積分	0

INVESTMENT FUND ACCOUNT 基金投資户口

Fund 基金名稱	Portfolio Holding and Valuation 投資組合及估值範圍				
	No. of Units 單位	Bid Price/NAV 買入價/資產淨值	As at Date 參考日期	Currency Amount 基金總值	HKD Equivalent 港幣等值
Total 總額					0.00

EFFECTIVE 30/4/05, "FOREIGN CURRENCY TREND BY FAX", "MARKET COMMENTARY BY FAX" & "STOCK INFO BY FAX" WILL NO LONGER BE AVAILABLE VIA OUR AUTOMATED PHONE BANKING SERVICE HOTLINES.

Please turn overleaf for "Your Important Statement Information" 有關閣下之月結單重要資料、請翻至背頁。

スタンダードチャータード銀行、東京にリテール支店設置？！

2005年5月7日の日経新聞金融面からの引用です。

「英スタンダードチャータード銀行、東京にリテール支店、富裕層向け分野で攻勢」

　英スタンダードチャータード銀行は、日本での個人業務に本格参入するため、東京にリテール（小口金融）支店を開設します。来日した個人業務担当統括のマイクデノーマ氏が日本経済新聞紙上で明らかにしました。スタンダードチャータード銀行は英HSBCや米シティバンクグループと、アジアでのリテール分野で競い合っています。なかでも、市場規模の大きい日本で攻勢をかけています。日本では、みずほや東京三菱が、富裕層向けリテールバンキングを設立する方向性を打ち出していますが、スタンダードチャータード銀行も、このおいしい日本の金融資産に目をつけています。スタンダードチャータード銀行は、日本では3000億円強の資産規模でホールセール（大口金融）を展開していますが、「日本経済が上向いてきた」と判断し、リテール分野にも参入する方針を固めたようです。大口ホールセールなどで金融庁の行政処分を受けるなど、何かと大胆かつ斬新な動きを見せるスタンダードチャーター

ド銀行でしたが、日本のリテール分野で、「どんな大胆なことをしでかしてくれるのか？！」大変楽しみです。

　スタンダードチャータード銀行の個人業務ではグローバルな経営網を生かした資産運用を柱とするほか、クレジットカードや消費者金融などでも、日本の金融機関との業務提携を検討しています。東京都内に開設予定のリテール支店では、外貨預金や投資信託などを取り扱い、富裕層向けの資産運用サービスの旗艦店舗としたい考えだそうです。グローバルな資産運用（例えば、外債、外国株投資など）に対する需要が高まってきていることから、「支店開設後、短期間で黒字化が見込める」とスタンダードチャータード銀行経営陣は判断しています。スタンダードチャータード銀行は韓国で大手銀行を買収したのをはじめ、現在、中国をはじめとする東アジア、インドネシアなど東南アジアでのリテール網の拡大に拍車をかけています。日本では「今のところ地方銀行などの買収は考えていない」としつつも、リテール業務参入で「日本、東アジア、インド、アフリカというサービス網ができあがり、顧客の利便性が高まる」と、リテール部門でのさらなるグローバルバンキングへの方向性を打ち出しています。私自身も、「スタンダードチャータード銀行は法人向けの大口ホールセールバンク」というイメージが強いのですが、これを機会に、もう少し個人向けに使い勝手が良くなってくれることを願っています。

ハンテック証券の口座開設と利用法

第4章

第1節　ハンテック証券の概要

　香港には、ハンテック証券という証券会社があります。香港の銀行を拠点にして、アジアや南米などに国際分散投資をしたい方には、ハンテック証券はオススメです。さまざまな商品を扱っていますし、取引コストも安いです。世界中のマーケットに興味のある方はぜひ検討してみてください。

　ハンテック証券の特長として一番に挙げたいのは、香港証券先物事務監察委員会（SFC）が認可する9つの業務ライセンスをすべて持っていることです。つまり、香港で行われている金融証券取引はすべてハンテック証券の口座で完結できるのです。さらに、世界中の証券を売買できるなど、商品ラインナップも幅広く取り揃えられています。香港・中国・米国株はもちろんのこと、タイ、インド、東欧株なども取引可能です［インド株はADR（米国預託証券）での購入になります］。

　また、これは香港の証券会社すべてに言えることですが、配当金・売却益は非課税なのです。余計な税金を差し引かれずに丸々受け取ることができます（注意：年間20万円を超えると、日本居住者は日本国内で申告が必要になります）。

第2節　ハンテック証券の口座開設

　MTR（地下鉄）上環駅（MTR Island Lineのセントラルの隣の駅）のE2出口を降りると、目の前に「COSCO Tower（中遠大厦）」という高層ビルがあります。そこの45Fがハンテック証券です。

　エレベーターを降りると、ハンテック証券の受付があります。そこで「I'd like to open the account（口座を開設したいのですが）」と言うと、担当者が来て、会社の中に案内してくれます。

　ちなみに、香港では土曜日の午前中は銀行窓口は開いていますが、証券会社は土日はお休みです。市場が閉まっているので当然ですね。銀行とは違い、証券会社の口座開設は月～金曜日のみですので注意しましょう。

（1）口座開設に必要な書類
　ハンテック証券の口座開設には、

```
1.パスポート
2.住所証明書類
3.香港内の銀行口座証明書類
```

が必要になりますので、これらの書類を準備しておきましょう。香港内の口座はどちらにしても必要になりますので、事

前にHSBCかスタンダードチャータード銀行当たりに口座を開設しておかなければいけません。香港の銀行口座を持っていれば、そのステイトメントが必要書類の2と3をカバーしてくれます。

以上の書類を担当者に渡して、担当者が開設書類に記入していきます。その他、いろいろとヒアリング内容を記入していく箇所もありますので、質問に答えていきましょう。30分程度ですべての手続きが完了します。送金や買い注文は、後日、日本から行うことになりますが、その場での注文も可能です。注文はEメールや電話、FAXでの注文になります（オンライントレードはできますが、今のところ別にコストがかかります）。

口座開設が完了すると、後日、日本の住所に下のような書類が送付されてきます。この書類には、口座番号や申し込み書類のコピー、担当者の名前、取引条件など、さまざまな決まりが記されています。大切に保管しておきましょう。

　ここに記載されている口座番号を添付して、後日、メール注文することになります。メール注文の担当者の名前も記載されています。

(2) 取引コスト

　ハンテック証券では、口座開設費用やデポジット、最低預入金額、口座維持手数料などは一切ありません。取引にかかるコストは以下の通りです。

1　売買時の手数料：0.2～0.5％
　（取引高に応じて0.2％までディスカウントされます）
2　印紙税：約定金額の1,000香港ドルユニットに対し、1香港ドル

3 　取引所税：約定金額の0.005%
4 　投資家補償金税：約定金額の0.002%
5 　取引所手数料：約定金額の0.005%
6 　CCASS決済費用：約定金額の0.002%

※ハンテック証券へ支払う費用は1のみ、2～6はすべて香港政府へのコストです。

第3節　取引方法

(1) オーダーの仕方

　基本的に、ハンテック証券では今のところネット上でのリアルタイム売買には毎月コストがかかります。香港証券取引所（HKEx）のシステムにアクセスするための利用料が月300香港ドル（約4200円）かかりますので、頻繁に取引をされるデイトレーダー以外（中長期保有の方）は、メールでの注文で十分ですし、そちらをおすすめします。

　まずは、ハンテック証券の口座に送金しましょう。ハンテック証券の株式売買口座への入金先は、HSBCかBOC（バンクオブチャイナ）なので、そのどちらかの銀行から送金すれば送金手数料は無料です。ただ、HSBCパワーバンテージからの送金ならばネットで数十秒程度で完了してしまうため、そちらを利用するほうがよいでしょう。HSBCからハンテック証

外貨	Forex Exchange	
亨達國際金融投資有限公司	Hantec International Limited	
滙豐銀行 (港元)	HSBC	172-4-045057 (HKD)
滙豐銀行 (外幣)	HSBC	172-7-608224 (M/C)
中國銀行(香港)有限公司 (港元)	BOC (HK) Ltd	036-721-0-249634 (HKD)
中國銀行(香港)有限公司 (外幣)	BOC (HK) Ltd	036-721-9-2041168 (M/C)
金銀	Bullion	
亨達金銀投資有限公司	Hantec Bullion Investments Limited	
滙豐銀行 (港元)	HSBC	002-9-425295 (HKD)
中國銀行(香港)有限公司 (港元)	BOC (HK) Ltd	012-721-1-0013846 (HKD)
香港期交所產品	HKFE Products	
亨泰期貨有限公司	HT Futures Limited	
滙豐銀行 (港元)	HSBC	002-5-404583 (HKD)
中國銀行(香港)有限公司 (港元)	BOC (HK) Ltd	012-721-0-0013179 (HKD)
海外期貨	Overseas Commodities	
亨泰期貨有限公司	HT Futures Limited	
滙豐銀行 (港元)	HSBC	002-9-416765 (HKD)
滙豐銀行 (外幣)	HSBC	002-7-654433 (M/C)
中國銀行(香港)有限公司 (港元)	BOC (HK) Ltd	012-721-0-0013195 (HKD)
證券	Securities	
亨達國際金融集團有限公司	Hantec International Finance Group Limited	

券への送金は、71ページをご参照ください。

送金が完了したら、念のため送金した旨を担当者にメールで伝えてください。特に様式はありませんが、以下のような形式でOKです。

For fund deposit the following informations:
Bank name:＿＿＿＿＿＿＿＿＿＿
Amount:＿＿＿＿＿＿＿＿＿＿＿
Date:＿＿＿＿＿＿＿＿＿＿＿＿
Time:＿＿＿＿＿＿＿＿＿＿＿＿

送金が完了したら、早速ハンテック証券で株を購入してみましょう。株の注文をするときには、以下のような形式で記入してメールを担当者に送ればOKです。

```
宛先: **************@hantecgroup.com.hk  ←担当者のメールアドレス
     Cc を追加 | Bcc を追加
件名: Stock order
     ファイルを添付
リッチテキスト形式 »                              スペル チェック

Dear **************            ←担当者の名前

Please order as follows.       (次の通りオーダーしてください)
---------------------------------
BUY                            ←BUY(購入)かSELL(売却)を指示
#0941 China Mobile             ←オーダーする銘柄コードと企業名を指示
1,000 shares                   ←オーダーする株数を指示
HKD 26.60                      ←指値の場合は金額を指示。
                                成行の場合は「Market price」と記入
2005/06/29 till 2005/07/02     ←注文の時期。指値の場合、購入希望額まで下がらな
                                い場合もあるので期限を指定する。無期限の場合は
                                下線部分をGood Till Cancel(GTC)と記入する。
---------------------------------
From: **************           ←あなたのお名前
```

(2) ハンテック証券　手数料等の計算方法

　オーダーが約定された場合の手数料の計算方法について説明します。例えば、「デンウェイ（0203）が、2.6香港ドル（2.6HKD）で2,000株約定された場合」を例に挙げます（以下の太字部分は取引明細の文面を引用しています）。

《0203 Denway Motors at 2.6HKD for 2,000 shares》

① **Transaction Value**（約定価格）
　2.60HKD×2,000株＝5,200HKD

② **Brokerage fee 0.25%**（ハンテック証券の売買手数料0.25%）
　5,200HKD×0.25%＝13HKD
　（Because 13HKD lower than 80HKD, so charged 80HKD）
　※Minimum charge（最低手数料）は80香港ドルになりますので、ここでは80香港ドルになります。

③ **Other fee**（政府へのコスト、税金等）
　A) **Stockexchange trading fee 0.005%**
　（取引所手数料0.005%）
　5,200HKD×0.005%＝0.26HKD

　B) **SFC Investor Compensation Levy 0.002%**
　（投資家補償金税0.002%）
　5,200HKD×0.002%＝0.104HKD

　C) **SFC Transaction Levy 0.005%**（取引所税0.005%）
　5,200HKD×0.005%＝0.26HKD

D) Stamp Duty @1HKD per 1,000HKD on transaction value（印紙税 約定1,000香港ドルごとに１香港ドル）
5,200HKD÷1,000HKD＝5.2 so charge 6.0HKD
※端数は切り上げ

E) Clearing fee 0.003% min 2.0HKD
（CCASS決済費用0.003% 最低額2HKD）
5,200×0.003％＝0.156HKD so charge 2.0HKD

ハンテック証券で中国株を買うと以上のコストがかかります。「①＋②＋A＋B＋C＋D＋E」の合計が、株の購入にかかる費用です。

①・約定金額　　　5,200
②・売買手数料　　80
A・取引所手数料　0.26
B・投資家補償金税　0.104
C・取引所税　　　0.26
D・印紙税　　　　6
E・CCASS決済費用　2

―――――――――――――

合計 5,288.624香港ドル　（約74,000円）

というわけで、デンウェイの株を2.6香港ドルで2,000株購入するには、5,288.624香港ドルが必要です。5,200香港ドル（約72,800円）が株本体の金額で、88.62香港ドル（約1,200円）が手数料とその他の税金になります。HSBC香港からハンテック

証券へと香港ドルを移動して購入しますので、日本の売買手数料はかかりませんし、もちろん為替手数料や送金手数料もかかりません。なおかつ香港では、配当・売却益は非課税です（年間20万円を超える所得に達した場合は日本では確定申告が必要です）。

（3）日本の証券会社から香港の証券会社への株式の移管

日本→香港の証券会社への株式の移管は残念ながら今のところできません。ですから、日本で保有している中国株を香港の証券会社に移したい場合は、「一度、日本の証券会社で売ってしまって、同じ値かできればそれ以下で、香港の証券会社で買いなおす」以外に方法はなさそうです。

これは、香港、日本の複数の証券会社に直接確認しましたが、残念ながら、通常の移管手続きはどうあがいてもできないようです。私も日本にある香港株をすべて香港へ移管させたかったので、何とかできないものかと調べてみましたが、残念ながらその方法は今のと

ころ発見できていません。

　香港内での移管（例えばHSBC→ハンテック）は、117ページのような書類を移管元と移管先両方に1枚ずつ出せば手続き完了です。

（4）香港から日本の株は買えるか？

　買えます。ハンテック証券を例にとると、日本株の取引コストは以下の通りになります。

　売買手数料は約定代金の0.5%で、最低額（Minimum Charge）は2,000円です。現在は日本の証券会社にも手数料の安いネット専業証券がたくさんありますので、日本株の売買のみならば、香港の証券会社が良いとは一概に言えません。しかし、配当金の受け取りや株の売却代金の受け取りは香港内になりますので、年間20万円以下の雑所得の範囲ならば香港は非課税になります（年間20万円以上の利益を得た場合は、日本国内での申告と納税が必要です）。

（5）香港で銀行口座と証券口座、同日で両方開設できるか？

　結論から言うと、可能です。基本的には、

① 香港での銀行口座開設後に
② 証券会社に口座開設

という順番になります。午前中に銀行口座開設、同日の午後に証券口座開設という方も多くいらっしゃると思います。た

だ、証券会社によっては必要書類等が異なる場合がありますので注意しましょう。
ハンテック証券の口座開設の場合ですと、

1．パスポート
2．銀行口座証明書類
3．住所証明書類

の3つが用意できれば証券口座は開設できます。

　1は問題ないでしょう。2については銀行口座開設時にもらえるATMカードや通帳、またはそれに準ずる書類等があればOKです。3については、証券会社からの書類の送付先になる日本の住所を証明できる書類が必要です（公共料金、バンクステイトメント、納税証明、DM等）。これは銀行口座開設のときにもらえる書類で代替できると思います。

ファンド選びのポイント

第5章

第1節　私のファンドの選び方（ルール）

　株の購入と違って、ファンドは専属のファンドマネジャーが日々調査をし運用を行いますので、手数料の高い買い物になります。よって、株式デイトレードのように頻繁に売買するには不向きです。基準価格が上がったからと言ってすぐに売り、また下がったときにそれを買い戻すというのは、いくらファンドの利回りが高かったとしても、その利益を手数料が吹き飛ばしてしまうことすらあります。よって、中長期的な保有を前提に購入することになります。

　中長期的にファンドを持つということは、投資先の国や産業の成長を中長期的な視野で見守るということです。「5年後、10年後、15年後、これは有望だな」と、自分で信じることができる分野を買わないと、多少の値下がりで不安になったり、多少の値上がりで喜んだりして、結果として売るべきではないタイミングで（先々もっと上がるはずなのにその恩恵を受けることなく）、手放してしまうことになります。

A.モノの値段	+	B.国の成長

　基本的に、私はこの2つのバランスを考えてファンドを選んでいます。

A.モノの値段を考える

　例えば、石油について考えてみましょう。石油の埋蔵量は詳細は不明ですが、あと30年や35年で枯渇するとも言われています。何を作るにも必要な石油は、世界中どの国も欲しがっています。ですから、世界的に需要の大きい石油という資源をたくさん持つ国、それを掘り起こす企業、加工する企業、販売する企業が、数年後も有望だと思えるのは必然の流れです。なかでもロシアやブラジルの海底油田には膨大な石油が眠っています。ただ、採掘・搬送技術が完璧に整備されていないため、日欧米資本が多く入っている中近東と比較すると、まだ輸出量で水を空けられています。

　それと、ここ最近問題視されているのが、食料問題です。特に中国やインドなどの人口増加率を考えると、世界的な食料不足が懸念されています。中国も数年前までは食料自給国でしたが、現在は食料輸入国に変わりました。国内での食糧生産だけでは足りずに、現在は輸入に依存しています。中期的な視野で考えると、食料自給率や輸出量の高い国というのは強いでしょう。例えば、オーストラリアやニュージーランドなどは、人の数以上に、牛や羊の数がいると言います。しかし、こういった国は人口が少ないので、通貨の流通量が少なく、ちょっとしたことで為替が大きく変動しやすい難点もあります。

　昔、社会科の授業で習ったと思いますが、モノの値段はすべて「需要と供給」のバランスで決定します。世界的に石油が不足すれば、石油の値段は上がりますし、食料が不足すれば食料の値段は上がります。鉄が不足すれば鉄鉱石の値段は上がります。シンプルに言い換えるとそういうことです。

B.国の成長を考える

　モノの値段と同時に、その国の成長を考えなくてはいけません。「5年後、10年後、15年後、これは有望だな」と思える国というのは、高度経済成長の入り口に差し掛かった国をいいます。

　中国、インド、タイ、ベトナム、ブラジル、ロシア、南アフリカなど、これらの新興諸国は、今はまだ成長途上の段階にありますが、日本が経てきた戦後の高度経済成長と同じ、いやそれ以上のスピードと規模で加速中でもあります。

　国が経済成長すると国民が豊かになり、可処分所得がどんどん増えて、いろいろなものが売れるようになります。これらの新興諸国では、ものがまだまだ不足していますから、必要なものは日欧米諸国と比べるとまだまだたくさんあります。

　人は豊かになると、まず家や自家用車、パソコンやテレビ、ゲーム機、洗濯機、冷蔵庫など、便利で楽しいものを欲しがります。日本はすでに豊かになっていますので、これらの電化製品はどこの家庭も当たり前のように保有していることと思いますが、中国やインドでは違います。電化製品がすべて揃っている家庭は「お金持ち」の家です。ということは、これから少しづつ買い揃えていかなくていけない層がまだまだたくさんあるということです。いわゆる「中間所得者層」が中国やインド、タイなどではじわりじわりと増えています。こういった中間所得者層が国全体の消費を牽引していきます。要するに、これらの層の増加率が国の成長に大きく関係してくるのです。

> 今後人類にとって必要なものかどうか？
> 今後大きく成長していく国かどうか？

これがファンド選びの大きな2つのポイントです。

第2節　ファンドを選ぶときは利回りに注目

　通常、ファンドの運用成績は利回り（トータルリターン）で表示されています。対象期間にどれだけ値上がり（値下がり）したかを年率表示で示すのが普通です。

　対象期間は通常、6ヶ月、1年、3年、5年、10年などで表示されています。例えば、1口1万円で設定されたファンドが、1年後に基準価額1万1000円になっていれば年利回りは10％ということになります（実際には、配当があったり、分配金を元本再組込とかありますので、もっと計算が複雑です）。

　HSBCアセットマネジメントが設定・運用している、HSBC GIF（Global Investment Fund）のインディアンエクイティ（インド株に投資しているファンド）を例に見てみましょう。これは主に、インドのIT企業株式に投資しているファンドです。

Cumulative performance in US$（％）・・・米ドル換算での累積運用結果（％）……（1）
Calender year performance in US$（％）・・・米ドル換算での暦年ごとの運用結果（％）……（2）

（1）Cumulative performance in US$（図127ページの枠参照）
　それぞれの欄の上段（Fund）が、HSBCインディアンエクイティの運用結果、下段（Benchmark）がそのベンチマークです（ベンチマークについては後述します）。

HSBC Investments

Standard & Poor's Fund Stars ★★★★

Indian Equity

May 2005

Objective
HSBC Global Investment Funds - Indian Equity seeks long-term capital growth through a diversified portfolio of investments in equity and equity equivalent securities of companies registered in, and/or with an official listing on a major stock exchange or other regulated market of India, as well as those with significant operations in India. Whilst there are no capitalisation restrictions, it is anticipated that the sub-fund will seek to invest across a range of market capitalisations with a bias to medium and large companies.

Manager's review and comments

Market review
- The market recorded its worst monthly performance for the current year during April.
- Firm oil prices, confusion on VAT implementation and selling by foreign institutional investors all hurt sentiment.
- Consumer staples was the best performing sector while information technology was the worst.

Fund strategy
- We remain overweight in materials and consumer discretionary and underweight in financials and consumer staples.
- Our overweight in consumer discretionary added value while the overweight in materials hurt performance.
- Our underweight in consumer staples hurt performance while our underweight in financials added value.

Market outlook
- Estimated GDP growth is 7.2% for 2006 up from 6.7% for 2005 (year ending March 2005).
- We expect quarterly results and earnings guidance to be marginally lower than predicted.
- We retain a balanced view on sectors that are impacted by commodity price increases.

Fund details

Fund size	: US$2,650.50 million
Fund prices (bid/offer)	: US$67.445 / US$71.181 (Class AD)
Past 12 mths Hi/Lo bid	: US$75.342 / US$47.429 (Class AD)
Launch date	: 1 March 1996
Minimum investment	: US$1,000
Dealing	: Daily, by 4:00pm (HK Time)
Initial charge	: 5.25%
Management fee	: 1.5% per annum
Switching charge	: 1%
Financial year-end	: 31 March
Dividend payment	: Yearly
Last dividend value	: nil
Ex-dividend date	: nil
Investment adviser	: HSBC Investments (Hong Kong) Limited

Source: HSBC Investment Funds (Hong Kong) Limited as at 29 April 2005

Please refer to the offering document for further information. Investment involves risk. Past performance is no guide to future performance.

Issued by HSBC Investments (Hong Kong) Limited

Asset allocation

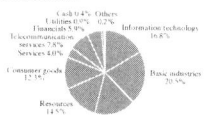

- Cash 0.4%
- Others 0.2%
- Utilities 0.9%
- Financials 5.9%
- Information technology 16.8%
- Telecommunication services 7.8%
- Services 4.0%
- Consumer goods 12.3%
- Basic industries 20.5%
- Resources 14.5%
- General industrials 16.7%

Top 10 holdings

Securities	Industry	Holdings
Reliance Industries	Chemicals	6.2%
Oil & Natural Gas	Oil & gas	5.0%
Bharti Tele-ventures	Telecommunication services	3.9%
HCL Technologies	Software & computer services	3.4%
Mahindra & Mahindra	Engineering & machinery	3.3%
Maruti Udyog	Automobiles & parts	3.2%
Indian Oil Corporation	Oil & gas	3.1%
Satyam Computer Services	Software & computer services	3.0%
Tata Iron & Steel	Steel & other metals	2.8%
Bharti Tele-Ventures	Telecommunication services	2.8%

Performance

— HSBC GIF Indian Equity
--- MSCI India (US$)

Cumulative performance in US$ (%)

	3 mths	1 yr	3 yrs	5 yrs	Since launch
Fund	-5.3	12.4	169.1	95.4	576.0
Benchmark	-6.3	15.3	116.6	49.1	74.1

Calendar year performance in US$ (%)

	00	01	02	03	04	YTD
Fund	-31.7	-25.8	33.8	117.1	27.8	-7.6
Benchmark	-30.1	-17.9	10.0	83.6	22.8	-7.8

Source: Standard & Poor's Fund Services and Thomson Financial Datastream as at 29 April 2005. Bid to Bid price with dividend reinvested

注目

HSBC ◆X◆

まず、Cumulative performance in US$（％）の上段（Fund）を見てみましょう。これは、「このファンドを実際に購入しているとこんな感じのリターンになってますよ」ということです。ファンドは価格が常に変動していますので、それぞれ現在までの保有期間で利回りが変わってきます。

---

3 mths：過去3ヶ月間のトータルリターン…19.5％。3ヶ月前に、このファンドを100万円購入していれば、現在119万5千円になっています。

1 yr：過去1年間のトータルリターン…24.8％。1年前に、このファンドを100万円購入していれば、現在124万8千円になっています。

3 yr：過去3年間のトータルリターン…226.6％。3年前に、このファンドを100万円購入していれば、なんと！現在226万6千円になっています。

5 yr：過去5年間のトータルリターン…76.4％。5年前に、このファンドを100万円購入していれば、現在176万4千円になっています。

利回りが高ければ高いほど得してるファンド、低ければ低いほど損してるファンドであることは言うまでもありません。しかし、これはあくまでも過去の運用結果ですので、今後どうなるかはわかりません。過去5年間、ずーっと低いリターンでも、市場の変化で急激に上昇するファンドもあります。また、その逆もしかりです。過去の運用結果は、あくまでも

過去のデータにすぎないことを覚えておきましょう。

(2) Calender year performance in US$ (%)

こちらは、単年度ごとの運用結果です。どのファンドにも、決算日（Financial year-end）が設定されています。決算日で一度締めて、その1年間でどれだけ上昇したかを表しています。

こちらはあくまでも「単年度表示」ですので注意してください。このファンドの場合、毎年3月31日が決算日です。「2004年は1年間で27.8％増えました。2003年は117.1％増えました。2002年は37.8％増えました」ということを示しているのです。これだけ毎年増えているのですから、ファンドマネジャーがかなり優秀なのでしょう。これだけ増えれば、ファンドマネジャーにたくさん報酬払っても文句は言えないですね。

Cumulative performance in US$ (%)

	3 mths	1 yr	3 yrs	5 yrs	Since launch
Fund	19.5	24.8	226.6	76.4	614.0
Benchmark	20.0	23.6	138.4	34.8	88.8

Calendar year performance in US$ (%)

	00	01	02	03	04	YTD
Fund	-31.7	-25.8	37.8	117.1	27.8	-2.4
Benchmark	-30.1	-17.9	10.0	81.6	22.8	-1.6

Initial charge	: 5.25%
Management fee	: 1.5% per annum
Switching charge	: 1%
Financial year-end	: 31 March
Dividend payment	: Yearly
Last dividend value	: nil
Ex-dividend date	: nil
Investment adviser	: HSBC Asset Management (Hong Kong) Limited

第3節　ベンチマークを基準にパフォーマンスを計る

　ここまでの話で、優れたファンド＝利回りの高いファンドと思われるでしょう。しかし、星の数ほどあるファンドの世界では、絶対的な利回りの比較は「優れたファンド選び」の比較において参考にはなっても重要視することはできません。

　というのは、先ほども申し上げたように、利回りというのはあくまでも過去の運用結果にすぎないからです。「インド株ファンド利回り20％ vs ブラジル石油ファンド利回り10％」を比較してもほとんど無意味。市場が異なりますし、リスク度合いも異なるからです。要するに、単に利回りが高いからと言って「インド株ファンドが優れている」とは言えないのです。今後の市場の動きによっても、利回りは大きく変わってきますからね。

　さて、それでは利回りよりも重要なものとは何でしょうか。答えを言うと、ベンチマーク、厳密に言うとベンチマークとの比較なのです。

(1) ベンチマークとは？

　ベンチマークとは、「測量などの基準点」という意味合いの言葉です。日本の株式市場で一番よく知られているベンチマークは日経平均株価（日経225）です。これは、日本経済新聞が日本の代表的な企業225社を集めて作った株式市場の指標ですね。それ以外にも、TOPIX（東証株価指数）や日経店頭平

均（店頭公開株の指標）など、いろいろとあります。米国株の代表的なインデックス指数はダウジョーンズ工業株30、S&P500などです。このようなベンチマーク（インデックス指数）はありとあらゆるジャンルで作られています。

　日本株でいえば、日経平均ばかりでなく、建設や金融、流通など、それぞれのジャンルごとにも固有のベンチマークが用意されています。そして、ファンドパフォーマンスの評価は、こうしたベンチマークに対する偏差によって評価されています。

（2）どちらがいいファンドか？

　例えば、次ページのグラフの2つのファンドを見てください。Aファンドは、「パフォーマンスは上がっているが、常にベンチマークを下回っているファンド」です。Bファンドは、「パフォーマンスは下がっているが、常にベンチマークを上回っているファンド」です。両者を比較すると、「Aファンドを買った人が得をした」ことは明らかですが、実は優れたファンドはBファンドなのです。つまり、こういうことです。

Aファンドは、同じ市場の指数、ベンチマークに対していつも負けている。…運用能力が低い
Bファンドは、ベンチマークに対していつも勝っている。…運用能力が高い

このような評価がなされるのです。

A：パフォーマンスは上昇、ベンチマークを下回っているファンド

B：パフォーマンスは下降、ベンチマークを上回っているファンド

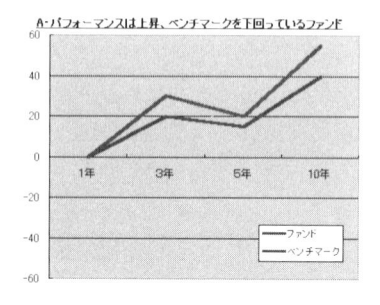

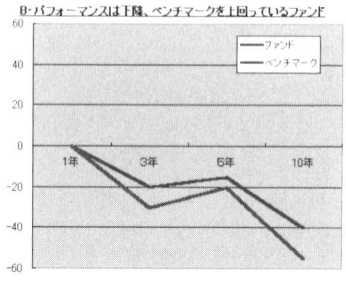

　私たち個人投資家が求めているものはベンチマークとの比較よりも「とにかく儲けさせてくれ！」でしょうから、目先の値上がりを求めてしまいがちになると思います。でも、中長期運用を考えたファンド投資の場合、そのファンドマネジャーの手腕が問われます（基本的に、ファンドは短期売買には向いていません。短期で何度も売買しているとそれだけコストがかかってしまうので）。

　例えば、運用成績がインデックス指数に負けてるファンドマネジャーは不安です。こういう場合はインデックス指数を買えばいいわけですから、わざわざ高い手数料を払ってまでファンドを買う意味がわからなくなってしまうでしょう。

　しかし、インデックスに勝ってるファンドマネジャーの場合は違います。市場そのものが回復に向かえば、ファンドの価値は大きく上昇してくると期待できます。逆に、インデックスにはとらわれずに「ハイリスク・ハイリターン」を求め

る場合、ヘッジファンドが有効です（後述のコラム参照）。

　ベンチマークの話に戻ります。ここで具体例を挙げてみましょう。HSBCアセットマネジメントが設定・運用しているHSBC GIF（Global Investment Fund）インディアンエクイティを以下に例として挙げます。太線がこのファンドのパフォーマンス、点線がベンチマークです。

　これが、ここで言うところの良いファンドです。常にベンチマークを上回った優秀なファンドです。ベンチマークを下回ったことはありませんし、パフォーマンスもグッドです。インドの経済成長も考慮すると、今後とても楽しみなファンドだと思います。

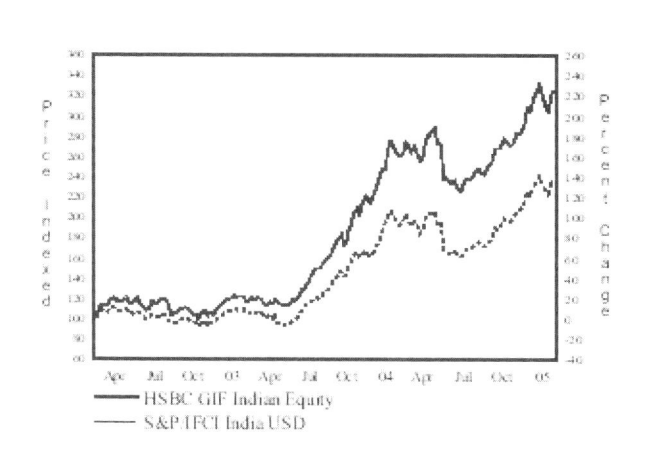

ヘッジファンドとは？

　「ヘッジファンド」とは、「買い」と「カラ売り」を組み合わせた、市場相場に連動しないファンドです。ヘッジという言葉には「守る」とか「回避」という意味があります。ヘッジファンドの運用者は、相場変動を始めとするさまざまなリスクからファンドを守り、安定的で高収益の運用を目指します。言い換えると、「どんな市場環境でもプラスの運用成績を目指すファンド」、これがヘッジファンドです。

　通常のファンド（投資信託）は、「買い」からスタートする運用しかできませんので、相場全体が下がった時には、その下落の影響を免れません。しかし、カラ売り（信用取引）を組み合わせれば、下落の局面でも利益が出せます。「買い」と「カラ売り」を組み合わせることで、相場変動の影響を極力抑え、市場全体の下落局面でも利益を上げる手法をヘッジファンドはとっています。

　多くのヘッジファンド運用者は、自分自身のお金もファンドに注ぎ込んでいます。また、運用成果の報酬は単純に預かり資産の残高に応じて決まるのではなく、運用成果が上がった場合に利益の２割くらいが運用者の懐に入る仕組みのようです。先日の高額納税者番付でファンドの運用担当者が第１位になったのも、ヘッジファンドのこのような仕組みからきています。

最近は、数十万円程度と比較的小口で買えるヘッジファンドも登場しています。

普通の投資信託とヘッジファンドの違い

普通の投資信託	項目	ヘッジファンド
基本的に「買い」からスタートする手法	投資手法	「買い」「カラ売り」を組み合わせた手法
相対的に株価指数を上回ること	目標	相場に関係なく利益を追求すること
株式ファンドで購入時2～5%、年間1%程度が主流	コスト	高い。運用成果の20%程度を成功報酬に
大手運用会社	運用者	少人数のところもある
不特定多数の一般個人投資家	投資家	富裕層や金融機関、年金基金など
1万円から購入可能のところが多い	購入単位	1億円以上など大口が基本だが、小口のところもある

第4節　ファンドのコストを知りましょう

　ファンドは、ファンドマネジャーという運用の専門家が運用プランを立てて、より高い運用実績を上げられるように、日々、組込銘柄を入れ替えていきます。したがって、株式売買よりも手数料がかかります。
　今回も、HSBCアセットマネジメントが設定・運用している、HSBC GIF（Global Investment Fund）インディアンエクイティを例に手数料について見てみましょう。

```
Fund size              : US$2,593.83 million
Fund prices (bid/offer): US$71.240 / US$75.187 (Class AD)
Past 12 mths Hi/Lo bid : US$74.023 / US$47.429 (Class AD)
Launch date            : 1 March 1996
Minimum investment     : US$1,000
Dealing                : Daily, by 4:00pm (HK Time)
Initial charge         : 5.25%
Management fee         : 1.5% per annum
Switching charge       : 1%
Financial year-end     : 31 March
Dividend payment       : Yearly
Last dividend value    : nil
Ex-dividend date       : nil
Investment adviser     : HSBC Asset Management
                         (Hong Kong) Limited
```

(1) ファンドには3つの手数料がかかる

ファンドの手数料には以下の3つがあります。

1．販売手数料（Initial charge）

購入時にかかるコストです。インディアンエクイティの場合、購入金額の5.25％を徴収されます。この販売手数料はすべて、販売会社（HSBC香港）の取り分になります。

2．信託報酬（Management fee）

ファンドを保有している限り毎年必要になるコストです。インディアンエクイティの場合、年間に1.5％を徴収されます。この信託報酬は、販売会社（HSBC香港）と運用会社（HSBC Asset Management）で分け合います。

3．交換手数料（Switching charge）

ほかのファンドに買い換える時にかかるコストです。インディアンエクイティの場合、買い替えすると解約時価額の1％を徴収されます。通常、同じファンドハウス（運用会社）同士でないとスイッチングできないのが一般的です。

このように考えると、手数料がたくさんかかるという理由だけでファンドを敬遠しがちになるかと思います。しかし、海外のファンドには、手数料というデメリットを払拭するくらいパフォーマンス抜群のものがたくさんあります。ですから、最初から毛嫌いせずに手数料とメリットを比較してはい

かがかと思います。

特に、インドやブラジル、ロシア、中東、東欧、アフリカ、原油、鉄鉱、金、ダイヤモンドなど、個人投資家が個別に購入しにくい市場を買うには、ファンド購入がおすすめなのです（日本株や中国株など、個人でも簡単に買えてしまう市場については、個別の銘柄を買うほうが無駄なコストがかからなくていいでしょう）。

しかも、外国籍ファンドは「為替差益を含む売却益に対して所得税法上非課税」というおまけつきなのです。たった1％の解約手数料など、税効果を考えればかわいいものです。

（2）手数料（率）よって分かれるファンドの種類

ファンドには大きく分けて債券ファンド（Bonds Fund）と株式ファンド（Equity Fund）があります。この2つの違いは手数料率にあります（おおまかな手数料の目安として、債券型ファンドが販売手数料：1～2.5％、信託報酬：0.5～1.5％。株式型ファンドが販売手数料：3～5.5％、信託報酬：1～2％です）。

さらに債券ファンドはアクティブ型ファンドとインデックスファンドに、株式ファンドも同じく、アクティブ型ファンドとインデックスファンドに分かれます。

1．アクティブ型ファンド

ファンドマネジャーとその運用チームが、個別に企業を訪問調査し、その会社の将来性や財務状況、ビジョンなどを調べ、将来有望な個別企業をファンドに組み入れて積極運用す

るタイプのファンドです。これは、運用チームの人間が個別に動いて調査しますので、そのぶんだけ手数料が高くなります。その反面、インデックスにとらわれずに運用できるため、市場が低迷していたとしても上昇することもありますし、大穴的銘柄を組み込んで一気に上昇する場合もあります。

2．インデックス型ファンド

こちらは、あるインデックス指数と連動するように、あらかじめシステム化されています。いわゆる人間の情が入らない、コンピューターまかせの運用です。したがって、そのぶん手数料は安くなる傾向にあります。

常にベンチマークを意識した運用になりますので、市場が上がればファンドも上がります。ある意味、安定的な運用が期待できますが、市場が爆発しない限りは「大爆発」も期待できません。

上記のアクティブ or インデックスに加えて、需要と供給によっても手数料が決まります。どういうことかと言いますと、「高い利回りの期待できるファンドは手数料を高めに設定できる」「大した利回りの期待できないファンドは、あまり手数料を取れない」ということです。

こうした傾向は、特に信託報酬よりも販売手数料に顕著に表れます。ですから、手数料が高いからといって購入を見送る前に、「手数料が高いファンドは利回りも高く、人気があるファンド」ということについても覚えておきましょう。しかし、日本籍のファンドは必ずしもこの法則に当てはまりませんので注意が必要です。

ほかには、ノーロード型といって販売手数料無料のファンドもあります。これは銀行や証券会社を通さずに運用会社が直販するものです。そのぶん販売手数料が無料になっています。ノーロード型の場合、ほかよりも高い信託報酬を徴収される場合が多い傾向にあるので注意しましょう。

　ちなみに、日本の銀行や証券会社が「これは上がりますよ」と言って奨めてくるファンドは、そのほとんどが彼らにとって販売手数料的なうまみのあるファンドと言えます。注意しましょう。

　ここ最近、銀行が「資産運用の相談」といったサービスを始めています。手数料の高い商品から順番に奨められるという話も聞きますので要注意です。ただ、ちょっとしたお勉強とひまつぶしには良いかもしれません。無料ですし。

第5節　純資産額が大きめのファンドを選びましょう

（1）純資産額と手数料率のバランスを見る

　前章で、ファンドの手数料のお話をしました。運用会社が得られる信託報酬は、目安として最低0.5％は掛かります。例えば、純資産額10億円のファンドであれば、年間に500万円の信託報酬が運用会社の懐に入ります。しかし、よく考えてみましょう。

　年間500万円の報酬からファンドマネジャーの人件費や、運用チームの人件費、その他間接費、必要経費が引かれます。そうです、冷静に考えれば、年間500万円でやっていけるわけないのです。

　赤字垂れ流しのファンドでは、積極的な運用などできるはずありません。積極的な運用ができなければ、解約も相次ぎます。解約が相次げば、純資産はまた目減りしていきます。純資産が目減りすれば、さらに運用に支障をきたします。負の悪循環に陥るわけです。設定後数ヶ月経過した段階で「資金が思うように集まっていないファンド」は、言ってみれば「もう終わっている」状態なのです。

　純資産100億円のファンドであれば、運用会社は年間5000万円の報酬が得られます。しかし、国際舞台で大活躍する優秀なファンドマネジャーは億単位の報酬を得ているそうですから、その他の間接費や必要経費も考慮すると、年間5000万円ではまだ物足りない気がします。しかし、手数料率が1％になれば、1億円が運用会社の懐に入る計算です。このくらいの

報酬が得られれば合格ラインといえるのではないでしょうか。

このように、「純資産額と手数料率のバランス」も優れたファンドを見分けるうえで欠かせない要素になるのです。

ちなみに、純資産額500億円のファンドであれば、ファンドマネジャーも運用会社も笑いが止まらないと思います。純資産額500億円以上のファンドは、相当優秀なファンドマネジャーが運用していると思います。

（2）純資産額100億円以上のファンドを買おう！

新しくファンドの購入を検討されている方は、純資産額10億円程度の「終わっているファンド」は避けなくてはいけません。多額の資金は集めたものの、結局、まともな運用をせずに仮死状態に陥っているファンドですから、大切なお金を預けるにはリスクがありすぎます。

ここまでのお話の中で、パフォーマンスやベンチマーク、手数料などもファンド選びの重要な要素ですが、純資産額（Fund size）がある程度大き目のものを選ぶということも大切な要素になるということはわかっていただけたと思います。

あくまでも目安ですが、純資産額100億円以上のファンドであれば、安心ではないでしょうか。ファンドを選ぶ際には、純資産額（Fund size）100億円以上のファンドを買いましょう。

ここで、再び、HSBCアセットマネジメントが設定・運用している「HSBC GIF（Global Investment Fund）インディアンエクイティ」を例に見てみましょう。

Fund size	: US$2,593.83 million
Fund prices (bid/offer)	: US$71.240 / US$75.187 (Class AD)
Past 12 mths Hi/Lo bid	: US$74.023 / US$47.429 (Class AD)
Launch date	: 1 March 1996
Minimum investment	: US$1,000
Dealing	: Daily, by 4:00pm (HK Time)

　Fund detailsのFund sizeの欄を見ると「Fund size：25億9383万米ドル」になっています。円換算で、純資産額2700億円以上の超大型ファンドです。文句なしのお金持ちファンドです。HSBCアセットマネジメントも、ファンドマネジャーもきっと大儲けでしょう。こういう大型ファンドを選ぶのも良いファンド選びのひとつです。

第6節　ファンド・オブ・ファンズについて

(1) ファンド・オブ・ファンズ (FOF) とは

　最近、ファンド・オブ・ファンズ（FOF）という言葉をよく聞きます。ファンド・オブ・ファンズとは、集めた資金を複数の投資信託に分散投資する投資信託（ファンド）です。つまり「投資信託に投資する投資信託」です。こうすることで、どこか特定の投信が運用に失敗した場合でも、全体に与える影響を小さくできるのです。

　個人だと、リスク分散を目的に投信を数多く買うのは資金的に難しいですが、有力投信に同時に投資してくれるFOFなら1万円程度から買える、というわけです。

　98年12月に外国投信型FOFの国内での公募販売が解禁され、99年7月からは国内型投信も販売できるようになりました。2003年7月からは全額を不動産投信（REIT）で運用するFOFも認められました。

　QUICK QBRの調べによりますと、FOFの純資産残高は4月15日時点で3兆2475億円と急速に増えています。

　リスクをとりたがらない日本人にとって、FOFはなかなか人気商品のようですね。ただ、FOFは投信を二重に購入することになるため、運用手数料が通常の投信よりも割高になりがちなので注意しましょう。

ファンド・オブ・ファンズの仕組み

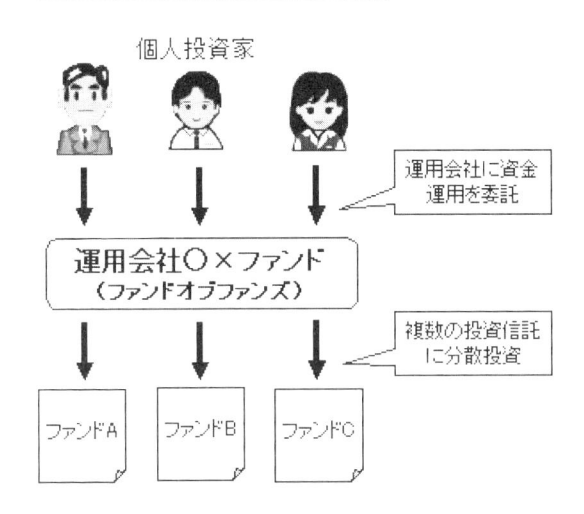

個人投資家

→ 運用会社に資金運用を委託

運用会社○×ファンド
（ファンドオブファンズ）

→ 複数の投資信託に分散投資

ファンドA　ファンドB　ファンドC

外国籍ファンドを海外で買うのと日本で買うのとこんなに違う！

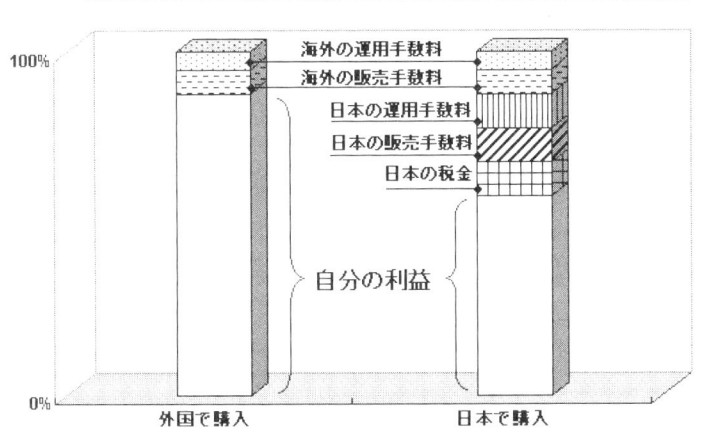

100%

海外の運用手数料
海外の販売手数料
日本の運用手数料
日本の販売手数料
日本の税金

自分の利益

0%

外国で購入　　　　日本で購入

（２）親ファンドと子ファンドの手数料の違い

　取次会社が間に入るぶん、子ファンドでは手数料が多く差し引かれます。日本の大手証券会社が広く募集しているファンド・オブ・ファンズの場合、「運用利益年３％」と謳っているとしても、まず最初に外国の投資信託会社（親ファンド）や外国の証券会社（販売代理店）が手数料として１～２％引いています。ので、（親ファンド単体では）本当は「運用利益５％以上」あるのです。

　日本で販売されているその子ファンドを購入した場合、上記の手数料に加えさらに最初の買い付け手数料で2.0％（＋消費税0.1％）引かれて、さらに信託報酬で年1.0％（＋消費税0.05％）引かれます。さらに、分配金と売却時の利益からは10％（所得税７％、地方税３％）が税金で引かれます。たかが１回、ファンドを買うだけで、４段階の手数料、そして消費税、所得税、地方税と、３種類もの税金がとられることを覚えておいてください。

　ということは、ファンドの利益が本当に５％あったとしても外国の投資信託会社、外国の証券会社、日本の証券会社、日本の政府と、みんながちょっとづつ利益をかいつまんだ結果、手元に利益が届くころには、年利５％どころか、0.05％程度に目減りしてしまう仕組みになっています。

　これが、「外国籍ファンドを日本の証券会社で買う」パターンです。いわゆる「ファンドオブファンズの子ファンドを購入する」仕組みです。この仕組みを知らずにFOFを買うことは、何も知らずに証券会社と日本政府に大切なお金を寄付しているようなものです。FOFを買うときは、その手数料とそれに見合うリターンのバランスを考えて購入するようにしましょう。

第 7 節　香港で買えるファンド紹介

　本章では、HSBCで購入できる中長期的に面白そうなファンドをご紹介します。ここでご紹介するファンドは星の数ほど存在するファンドの中の一部です。ほかにいろいろと調べてみたい方は、「第7章　投資情報サービスの使い方」を参考に、モーニングスターやフィナンシャルタイムズで検索してみてください。

(1) HSBC Indian Equity Fund
　　　──HSBCインディアン・エクイティ・ファンド

　スタンダード＆プアーズ「★★★★格付け」の金融商品。その名の通り、インドの株に投資するファンドです。

　ファンドの組み入れ構成を見ると、IT産業：18.4%、インフラ産業：17.3%、コングロマリット：12.0%、エネルギー産業：16.3%、サービス業：1.8%、通信業：5.4%、製造業：13.5%、保険業：6.1%になっています。

　このファンド、騰落率を見ると、3年間で＋271%。3年前に100万円買ってればなんと371万円。

　ファンド設定日は1996年3月1日。すでに8年以上運用を続けているファンドです。最小ロットは1000米ドル以上で、1000米ドル単位で購入が可能。総資産額が1,952,000,000米ドル（約2,049億円）の大きめなファンドです。

HSBC Investments

Standard & Poor's Fund Stars: ★★★★

Indian Equity

May 2005

Objective
HSBC Global Investment Funds - Indian Equity seeks long-term capital growth through a diversified portfolio of investments in equity and equity equivalent securities of companies registered in, and/or with an official listing on a major stock exchange or other regulated market of India, as well as those with significant operations in India. Whilst there are no capitalisation restrictions, it is anticipated that the sub-fund will seek to invest across a range of market capitalisations with a bias to medium and large companies.

Manager's review and comments

Market review
- The market recorded its worst monthly performance for the current year during April.
- Firm oil prices, confusion on VAT implementation and selling by foreign institutional investors all hurt sentiment.
- Consumer staples was the best performing sector while information technology was the worst.

Fund strategy
- We remain overweight in materials and consumer discretionary and underweight in financials and consumer staples.
- Our overweight in consumer discretionary added value while the overweight in materials hurt performance.
- Our underweight in consumer staples hurt performance while our underweight in financials added value.

Market outlook
- Estimated GDP growth is 7.2% for 2006 up from 6.7% for 2005 (year ending March 2005).
- We expect quarterly results and earnings guidance to be marginally lower than predicted.
- We retain a balanced view on sectors that are impacted by commodity price increases.

Fund details

Fund size	: US$2,650.50 million
Fund prices (bid/offer)	: US$67.445 / US$71.181 (Class AD)
Past 12 mths Hi/Lo bid	: US$75.342 / US$47.429 (Class AD)
Launch date	: 1 March 1996
Minimum investment	: US$1,000
Dealing	: Daily, by 4:00pm (HK Time)
Initial charge	: 5.25%
Management fee	: 1.5% per annum
Switching charge	: 1%
Financial year-end	: 31 March
Dividend payment	: Yearly
Last dividend value	: nil
Ex-dividend date	: nil
Investment adviser	: HSBC Investments (Hong Kong) Limited

Source: HSBC Investment Funds (Hong Kong) Limited as at 29 April 2005

Asset allocation

- Cash 0.4%
- Others 0.7%
- Financials 5.9%
- Information technology 16.6%
- Telecommunication services 7.8%
- Services 1.6%
- Consumer goods 12.3%
- Resources 14.5%
- General industrials 16.7%
- Basic industries 20.5%

Top 10 holdings

Securities	Industry	Holdings
Reliance Industries	Chemicals	6.0%
Oil & Natural Gas	Oil & gas	5.0%
Hutchison Telecommunication	Telecommunication services	3.9%
HCL Technologies	Software & computer services	3.4%
Mahindra & Mahindra	Engineering & machinery	3.3%
Maruti Udyog	Automobiles & parts	3.2%
Indian Oil Corporation	Oil & gas	3.1%
Satyam Computer Services	Software & computer services	3.0%
Tata Iron & Steel	Steel & other metals	2.8%
Bharti Tele-Ventures	Telecommunication services	2.8%

Performance

— HSBC GIF Indian Equity
— S&P/IFCI India USD

Cumulative performance in US$ (%)

	3 mths	1 yr	3 yrs	5 yrs	Since launch
Fund	-5.3	12.4	169.1	28.4	576.0
Benchmark	-6.3	15.3	116.6	49.1	74.1

Calendar year performance in US$ (%)

	00	01	02	03	04	YTD
Fund	-31.7	-25.8	37.8	117.1	27.8	-7.6
Benchmark	-30.1	-17.9	10.0	81.6	22.8	-7.8

Source: Standard & Poor's Fund Services and Thomson Financial Datastream as at 29 April 2005. Bid to bid price with dividend reinvested.

Please refer to the offering document for further information. Investment involves risk. Past performance is no guide to future performance.

Issued by HSBC Investments (Hong Kong) Limited

HSBC

（2）Merrill Lynch International Investment Funds - Latin American Fund
　　──メリルリンチ・インターナショナル・インベストメント・ファンド──ラテンアメリカファンド

　BRICs（次ページド段参照）の「B」を意味するブラジルの経済発展が注目されています。ブラジルは、1992年以前は年率数千％というハイパーインフレを引き起こし、不安定な経済環境にありましたが、1993年以降は実質GDP前年比が10年連続プラスで推移するなど、非常に安定感が出ています。IMFの予想では2004年、2005年ともに、3.5％前後のプラス成長です。ファンドハウス（＝運用会社）はメリルリンチ、S&Pのファンドマネジメントレイティングの評価は「A」です。

　総資産額は、446,200,000米ドル（約468億5千万円）規模です。

【組み込み銘柄】
1位　鉄鉱、ボーキサイトなどの素材関連　25.1％
2位　電話、インターネットなどの通信関連　20.4％
3位　銀行、保険などの金融関連　12.9％
4位　石油、電力、ガスなどのエネルギー関連　11.3％

　IT産業が上位を占めているインド株ファンドとは対照的な構成ですが、今後の市場において石油や鉄鉱・食糧などが重要視される現物経済への移行を考慮すると、このような資源国のエネルギー・素材関連企業を組み込んだファンドは長期的に面白いと思います。

BRICsとは？

BRICsとは「brick=レンガ」をもじっています。ブラジル（Brazil）、ロシア（Russia）、インド（India）、中国（China）の4カ国の頭文字を並べたもので、台頭する新興大国を意味する造語です。米国の証券会社ゴールドマンサックスが、2003年10月に投資家向けに初めて使用して以降、広く使われるようになりました。広大な国土、原油や鉄鉱石などの豊富な天然資源、労働力・消費市場となる膨大な人口を持つのが共通点です。詳しくは236ページ以降で詳述します。

（3）HSBC GEM Equity
──HSBCグローバル・エマージングマーケット・エクイティ

　ファンド名に「GEM」という聞き慣れた言葉が入っていますが、香港市場のGEM（Growth Enterprise Markets）とはまったく関係ありません。HSBCのGEM（グローバルエマージングマーケット）エクイティ・ファンドです。これは、BRICsに注目した株式投資ファンドで、BRICs諸国のブラジル・ロシア・インド・中国、すべてが投資対象になっています。しかもこのファンド、BRICs諸国だけでは飽き足らず韓国や台湾のITハードウェア企業から、南アフリカ・イスラエルの銀行まで、組み込み銘柄は多岐にわたっています。なかなか面白そうなファンドです。

　ファンドハウスはHSBCアセットマネジメント。モーニングスターのファンドレイティングの評価は「★★」です。

　ファンドの種類はエクイティファンドで、新興諸国の株式に投資するファンドです。総資産額は、132,670,000米ドル（約139億3千万円）の規模に及びます。HSBCグローバル・マーケット・エマージング・エクイティは、HSBCパワーバンテージ口座にて、最小ロット1000米ドル以上、1000米ドル単位で購入できます。

HSBC Investments

Global Emerging Markets Equity

May 2005

Objective
HSBC Global Investment Funds - Global Emerging Markets Equity seeks long-term capital growth through a well-diversified portfolio of investments in equity and equity equivalent securities of emerging market companies. These companies will be those that at the time of purchase are registered in, and/or with an official listing in, an emerging market, as well as those companies deriving a significant proportion of their revenue from operations in emerging markets. The sub-fund will seek to invest primarily in securities listed on a regulated markets, but may also invest up to 10% of the sub-fund's net assets in securities listed on markets that are not regulated markets. Investment in interest bearing securities is also permitted either for short-term cash surpluses or in response to unfavourable equity market conditions and this is limited to one third of the total assets of the sub-fund. Whilst there are no capitalisation restrictions, it is anticipated that the sub-fund will invest primarily in larger, established companies.

Manager's review and comments

Market review
- Emerging markets fell 3.0%, slightly worse than the 2.4% global equity decline, due to growth and inflation concerns.
- Russia, Malaysia and China led performance, while Poland, Turkey and Hungary lagged.
- Leading sectors were utilities, staples and telecoms, while materials, IT and financials lagged.

Fund strategy
- Portfolio risk was reduced, increasing exposure to cash, Taiwan and Malaysia and lowering Brazil, Mexico and Korea.
- The overweight in South Africa and underweight in India added value while the overweight in Brazil was negative.
- Our overweight in cash and underweight in materials added value while the overweight in financials was negative.

Market outlook
- Emerging markets remain attractive but the growth and inflation outlook increases risk aversion.
- In the near term, we expect higher volatility with a swinging market around a flat trend.
- We will maintain current exposures, seeking to benefit from oversold levels as opportunities allow.

Fund details

Fund size	: US$131.00 million
Fund prices (bid/offer)	: US$9.177 / US$9.685 (Class AD)
Past 12 mths Hi/Lo bid	: US$10.162 / US$7.275 (Class AD)
Launch date	: 11 November 1994
Minimum investment	: US$1,000
Dealing	: Daily, by 4:00pm (HK Time)
Fund manager	: Marcus Pakenham
Initial charge	: 5.25%
Management fee	: 1.5% per annum
Switching charge	: 1%
Financial year-end	: 31 March
Dividend payment	: Yearly
Last dividend value	: US$0.029850
Ex-dividend date	: 30 July 2004
Investment adviser	: HSBC Investments (UK) Limited

Source: HSBC Investment Funds (Hong Kong) Limited as at 29 April 2005

Asset allocation

Cash 4.6%, Korea 15.3%, Others 9.6%, Brazil 10.2%, India 5.6%, Taiwan 14.8%, China 6.6%, Russia 4.1%, Malaysia 4.0%, Brazil 14.8%, Mexico 9.1%, South Africa 12.4%

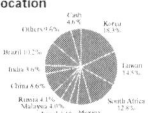

Top 10 holdings

Securities	Industry	Country	Holdings
Samsung Electronics	IT hardware	Korea	5.3%
Taiwan Semiconductor	IT hardware	Taiwan	2.9%
Petroleo Brasileiro	Oil & gas	Brazil	2.5%
Banco Itau Holding Financeira	Banks	Brazil	2.0%
Companhia Vale do Rio Doce	Mining	Brazil	1.8%
Bank Hapoalim Ltd	Banks	Israel	1.8%
Kookmin Bank	Banks	Korea	1.7%
Standard Bank Group	Banks	South Africa	1.7%
China Merchants Holdings (Intl)	Transport	China	1.7%
Barloworld Limited	Diversified industrials	South Africa	1.6%

Performance

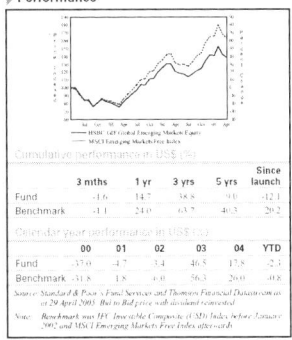

— HSBC GIF Global Emerging Markets Equity
— MSCI Emerging Markets Free Index

Cumulative performance in US$ (%)

	3 mths	1 yr	3 yrs	5 yrs	Since launch
Fund	-1.6	14.7	38.8	-9.0	-12.1
Benchmark	-1.1	24.0	63.7	-40.3	29.2

Calendar year performance in US$ (%)

	00	01	02	03	04	YTD
Fund	-37.0	-4.7	-3.4	46.5	17.8	-2.3
Benchmark	-31.8	-1.8	-6.0	56.3	26.0	-0.8

Source: Standard & Poor's Fund Services and Thomson Financial Datastream as at 29 April 2005. Bid to Bid price with dividend reinvested.

Note: Benchmark was IFC Investable Composite (US$) Index before January 2002 and MSCI Emerging Markets Free Index afterwards.

Please refer to the Summary of the Explanatory Memoranda for more information. Investment involves risk. Past performance is no guide to future performance.

Issued by HSBC Investments (Hong Kong) Limited

HSBC

(4) HSBC Asia Free Style Fund
——HSBC アジアフリースタイルファンド

　HSBCアジアフリースタイルファンドとは、その名の通り、アジア各国にフリーに投資するファンドです。昨年秋にHSBCの窓口を訪れたときは、担当者から「ドウデスカ」と、このファンドをしつこく勧誘されました。買いませんでしたけど……。

　そのときは窓口でパンフレットだけ頂戴して、後でじっくり読んでみました。どうやら昨年秋現在、香港のHSBCでは一番お奨めのファンドらしいです。設定日が2004年4月8日と、まだできたてほやほやの新しいファンドです。

　ファンドハウスはHSBCアセットマネジメント。モーニングスターのファンドレイティングではまだ評価対象外です。ファンドの種類はエクイティファンドで、アジア各国の株式に投資するファンドです。総資産額は、389,890,000米ドル（約408億5千万円）の規模に及びます。

　このファンドは、香港やシンガポール・韓国・台湾などの先進アジアから、インド・中国・インドネシア・スリランカなどの新興アジアまで、アジア域内の国をバランスよく散りばめたファンドになっています。アジア好きにはたまらないファンドと言えそうです。

HSBC Investments

Asia Freestyle
May 2005

Objective
- Seeks long term returns from capital growth and income through a concentrated portfolio of investments in Asian equities and equity equivalent securities
- Active management aiming to achieve total returns for investors without reference to market index weightings
- May have significant holdings in smaller capitalization companies and companies with above average growth prospects

Manager's review and comments

Market review
- Concerns about rising interest rates and a slowing US economy led markets in the region lower in April.
- Hong Kong fared the best while Korea and Indonesia were the worst performers.
- Poor performance in financials and technology partially offset positive performance in property and utilities.

Fund strategy
- During the month, we added to our positions in Swire Pacific and Telecom Malaysia.
- Our stocks in Hong Kong and China performed well but our holdings in India fell along with the market.
- Telecom and conglomerates posted positive performance during the month but financials and technology were weak.

Market outlook
- Strong oil prices and the slowing US economy are major concerns but asset reflation is supporting property prices.
- While valuations have become more attractive, markets may trade in a range in the near term.
- We continue our selective buying on market weakness in anticipation of an improving second half.

Fund details

Fund size	US$524.91 million
Fund prices (bid/offer)	US$11.048 / US$11.660 (Class AD)
Past 12 mths High/Lo bid	US$11.540 / US$9.151 (Class AD)
Launch date	8 April 2004
Minimum investment	US$1,000
Dealing	Daily, by 4:00pm (HK Time)
Fund manager	Ayaz Ebrahim / Sam Lau
Initial charge	5.25%
Management fee	1.75% per annum
Switching charge	1%
Financial year end	31 March
Dividend payment	Yearly
Last dividend value	nil
Ex-dividend date	nil
Investment adviser	HSBC Investments (Hong Kong) Limited

Source: HSBC Investment Funds (Hong Kong) Limited as at 29 April 2005

www.hsbcinvestments.com.hk

Asset allocation

- Hong Kong 19.1%
- Korea 14.4%
- Taiwan 9.2%
- Singapore 5.6%
- China 6.7%
- Malaysia 7.0%
- Thailand 7.7%
- Indonesia 1.1%
- Sri Lanka 1.0%
- India 9.5%
- Philippines 1.3%
- Cash & Deposit 17.4%

Top 10 holdings

Securities	Industry	Country	Holdings
Hyundai Mobis	Automobiles & parts	Korea	3.7%
Swire Pacific A	Diversified industrials	Hong Kong	3.7%
China Mobile	Telecommunication services	China	3.6%
Jardine Matheson Holdings	Diversified industrials	Hong Kong	3.1%
Shinsegae	General retailers	Korea	3.0%
Bangkok Bank	Banks	Thailand	2.8%
Hutchison Whampoa	Diversified industrials	Hong Kong	2.7%
Indian Oil Corporation	Oil & gas	India	2.6%
Siam Commercial Bank	Banks	Thailand	2.5%
Silver Grant International	Real estate	Hong Kong	2.4%

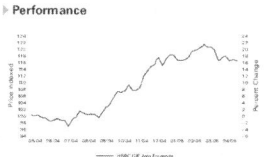

Performance

HSBC GIF Asia Freestyle

Cumulative performance in US$ (%)

	1 yr	3 yrs	5 yrs	Since launch
Fund	17.4	–	–	16.6

Source: Standard & Poor's Fund Services as at 29 April 2005
Bid to Bid price with dividend reinvested

Please refer to the offering document for more information. Investment involves risk.
Past performance is no guide to future performance.

HSBC

Issued by HSBC Investments (Hong Kong) Limited

（5）Fidelity Nordic Fund
——フィデリティ・ノルディック（北欧）・ファンド

　北欧は優良企業の宝庫です。ヨーロッパと聞いて、すぐに頭に浮かぶのはフランスやドイツ、イギリスでしょうが、一部評論家の間ではその栄光の歴史にもそろそろ陰りが見えてきたとか。反面、元気なのが北欧勢です。フィンランドのノキア、スウェーデンのエリクソンあたりは特に有名です。

　さらに、インターネットの普及率ではアメリカより先を行っていると言われています。IT革命には、ヨーロッパ経済の勢力分布図をも大きく変えていく可能性があります。EUに加盟したことで、競争に勝たなければという危機意識も出てきました。

　もうひとつ、今まで漁業や林業をはじめとする第1次産業が中心だっただけに、北欧諸国は経済がまだまだ若いのです。つまり北欧は将来性が大きいのです。

　フィデリティ・ノルディック・ファンドは、こういった北欧諸国の株式に投資するファンドです。主に、金融関連やIT関連の銘柄が多く組み込まれているようです。ファンドハウスはフィデリティです。スタンダード＆プアーズのファンドレイティングの評価は「A」です。ファンドの種類はエクイティファンドで、北欧諸国の株式に投資するファンドです。総資産額は3,474,000,000スウェーデンクローネ（約521億円）の規模に及びます。

WHERE 20 MILLION INVESTORS PUT THEIR TRUST

Fidelity Funds - Nordic Fund
富達基金 - 北歐基金

Standard & Poor's Fund Management Rating 標準普爾基金評級: **A**

Standard & Poor's Star Ranking 標準普爾星號評級: ◌◌◌

The Fund aims to provide long-term capital growth from investment primarily in the stockmarkets of Norway, Sweden, Denmark and Finland. The emphasis of the Fund is on a stockpicking approach, seeking to identify companies which investors may value more highly in the future once factors such as their earnings prospects are more fully appreciated.

本基金主要透過投資於挪威、瑞典、丹麥及芬蘭，以達致長線資本增值的目標。此外，基金著重精選股份而致力物色被安可望隨富裕前景等因素為投資者充份賞識而進升價值的公司。

The benchmark for performance is the FTSE Actuaries World Nordic Index.
基金表現以富時精算世界北歐指數為比較基準。

Risk / Return Rating 風險/回報指數: 6

31/3/2005

Investment Style 投資策略

Many of the largest holdings tend to be shares of large companies quoted in the region - many of which are world leaders. However, a number of well-known companies are held, many of which are not widely followed by other investors.

本基金主要持有在區內上市的大型公司股份，包括多間具全球領導地位的公司。然而，基金亦持有一些知名度較低，而且未受其他投資者追捧的公司。

Fund Details 基金資料 As at 截至31/3/2005
(A Share A股)

Fund Manager 基金經理	Trygve Toraasen
Launch Date 推出日期	01.10.90
Denominated Currency 報價貨幣	SEK 瑞典克朗
Launch Price 推出價	Skr50(瑞典克朗)
Unit NAV 單位資產淨值	Skr454.80(瑞典克朗)
Fund Size 基金資產	Skr3,582m (百萬瑞典克朗)
Sales Charge 認購費	5.25%
Annual Management Fee 每年管理費	1.5%
Bloomberg Ticker 彭博代碼	FIDLNDI LX
Fidelity Fund Code 富達基金代號	20

Fund Performance (A Share) 基金表現 (A股)

As at 截至31/3/2005

	YTD 年初至今	6 Months 6個月	1 Year 1年	2 Years 2年	3 Years 3年	4 Years 4年	5 Years 5年	Since Launch 自推出以來
Fund 基金	8.0%	16.8%	17.0%	76.5%	0.8%	-3.2%	-26.5%	811.8%
Index 指數	6.1%	11.8%	9.7%	65.7%	-0.2%	-2.6%	-36.4%	514.5%

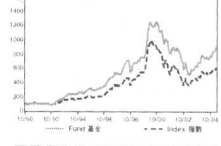

	Total Return 基金回報	Index Return 指數回報
2000	4.5%	-2.6%
2001	-20.2%	-21.0%
2002	-32.8%	-38.3%
2003	14.1%	20.4%
2004	23.1%	18.2%

Geographical Breakdown 國家投資分佈

As at 截至31/3/2005

SWEDEN 瑞典	39.9%
NORWAY 挪威	31.1%
FINLAND 芬蘭	12.9%
DENMARK 丹麥	6.9%
SWITZERLAND 瑞士	4.7%
LUXEMBOURG 盧森堡	1.5%
ICELAND 冰島	1.0%
OTHER 其他	1.2%
CASH 現金	1.7%

Largest Holdings 持有最多之公司或債券

As at 截至31/3/2005

NOKIA	9.0%
ERICSSON (LM) TELEFON 'B'	7.1%
NOBEL BIOCARE HOLDINGS (SEK)	4.7%
DNB NOR	4.1%
NORDEA BANK	4.0%
HENNES & MAURITZ 'B'	3.7%
TANDBERG ASA	3.1%
SVENSKA HANDELSBANKEN 'A'	3.1%
NORSK HYDRO	3.1%
STOREBRAND ASA 'A'	3.0%
Total 總和	44.9%

Industry Breakdown 行業投資分佈

As at 截至31/3/2005

INFORMATION TECHNOLOGY 資訊科技	22.7%
FINANCIALS 金融	18.7%
CYCLICAL SERVICES 週期性服務	16.4%
NON-CYCL. CONSMR GDS 非週期性消費品	11.8%
GENERAL INDUSTRIALS 一般工業產品	11.0%
RESOURCES 資源	9.6%
BASIC INDUSTRIES 基本工業	5.2%
NON-CYCLICAL SERVICES 非週期性服務	2.3%
CASH 現金	1.7%

Volatility Measures 波幅衡量

Relative Volatility 相對波幅	0.89
Beta	0.85
R^2	0.92

Risk Rating Assumptions 風險指標基準

[risk scale icons] 1 2 3 4 5 6 7

低風險/回報 → 高風險/回報
低風險 低回報

Fidelity 富達投資

富達基金受益於逾二千萬名投資者信賴

157

（6）Merrill Lynch World Gold Fund
——メリルリンチ・ワールド・ゴールド・ファンド

　日本人は一般的に「金（ゴールド）」に比較的興味がないと思われます。ここでご紹介するファンドは「Merrill Lynch World Gold Fund」という、世界の有望な金鉱採掘企業に投資するファンドです。このファンドは、「資産保全としてのゴールドではなく、運用としてのゴールド」というスタンスです。

　ファンドハウスはメリルリンチ、モーニングスターのファンドレイティングでは★★★★（星4つ）です。ファンドの種類は、世界各国の金鉱採掘企業の株式に投資するファンドです。総資産額1,865,000,000米ドル（約2000億円）の規模に及ぶ超大型ファンドです。

　カナダや米国、オーストラリア、ニュージーランド、南アフリカ、ロシア、ブラジルなど、組み込み国は見事に資源国。やはり資源国には、我が国にはないワクワクした魅力を感じてしまいます。特にカナダやオーストラリア、ニュージーランドは、政治も安定してるし通貨も強そうです。

MERRILL LYNCH INTERNATIONAL INVESTMENT FUNDS — SECTOR FUND

Merrill Lynch
Investment Managers

World Gold Fund
As at 30th April 2005
S&P Fund Management Rating **AAA**   Forsyth Partners Fund Rating **AAA**

Investment Objective and Policy

The World Gold Fund seeks to maximise total return expressed in US dollars. The Fund invests globally at least 70% of its total net assets in the equity securities of companies whose predominant economic activity is gold-mining. It may also invest in the equity securities of companies whose predominant economic activity is other precious metal or mineral and base metal or mineral mining. The Fund does not hold physical gold or metal.

Fund Manager's Report

Performance
- The Fund outperformed in April.
- The Fund benefited from overweight positions in Latin American and Chilean gold equities. The fall in equity prices over the period was the result of a general move out of resource stocks by the market, and some poor first quarter production results from the major North American gold miners which saw production falling, costs rising and lower than expected realised gold prices.

Portfolio Activity
- Despite difficult markets, the Fund increased its position in Bendigo, a gold stock that is developing a new mine in the Bendigo Goldfield, the second largest goldfield in Australia. The Fund also took some profits in Freeport Gold and Copper and Newcrest.

Current Positioning
- We cannot remember a time when the supply/demand fundamentals for gold have been more positive than they are today. With rising inflation, subdued central bank activity and declining mine supply, which was clearly illustrated in this month's production figures, the stage is set for an interesting year. Inflation is increasingly in investors' minds and gold is one of the traditional "hedge" investments in such markets. Investors may start to focus on gold funds in the near future. In our view gold will resume its upwards trend.

A-Share Performance in US$

	6 Months %	1 Year %	3 Years %	5 Years %	Since Launch %
Fund	15.9	+2.5	+43.3	+229.3	+95.3
FTSE Gold Mines Index (cap only) (USD)	19.3	+3.8	+15.6	+89.4	27.5

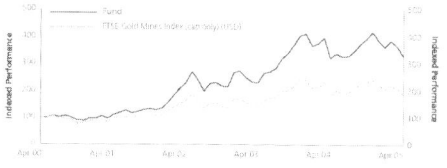

Composition of Fund

Country
- Africa ex South Africa: 6.1%
- China: 7.3%
- South Africa: 16%
- North America: 40.2%
- Latin America: 3.4%
- Australasia: 22.3%
- South Africa: 28.3%

Sector
- Silver: 1.7%
- Diamonds: 2.3%
- Platinum: 2.4%
- Copper: 1.4%
- Other: 0.8%
- Gold: 84.0%

Fund Data

Total Fund Size (m)	US$1098.4
Inception	30.12.94
Currency	US$
Annual Management Fee	1.75%
Initial Charge	5%

10 Largest Holdings (%)

Newmont Mining	9.1
Barrick Gold	8.9
Placer Dome	6.6
Minas Buenaventura	6.0
Freeport C&G	4.8
Gold Fields	4.7
Anglo Gold	4.5
Impala	4.4
Centerra Gold	3.9
Lihir Gold	3.7
Total	**56.6**

Merrill Lynch Investment Managers (Asia) Limited
Address: 17/F ICBC Tower, 3 Garden Road, Central, Hong Kong
+852 2161 7747 • +852 2161 7755   Email: mlim_hongkong@ml.com

貴金属投資について

　貴金属の持つ優位性は「物価上昇局面に強い」「株式や債券と違って紙くず同然になる不安もない」「換金性に優れている」の3点に尽きます。

　ヨーロッパ人やユダヤ人などが貴金属に対して価値を大きく見出しているのには、歴史的な背景によるものが大きいでしょう。どちらかというと、資産運用というよりも資産保全の考え方に近いと思います。

【ヨーロッパ人について】
　昔、何かの本で読みましたが「高級ブランド文化」が発達しているのはほとんどヨーロッパです。ロレックスやエルメス、ブルガリ、グッチ。その他ブランド品を挙げてもほとんどヨーロッパ産です。ブランド品がヨーロッパで発展した背景には、古くはフランス革命ナポレオンの時代に遡ると言われています。ヨーロッパは昔から陸続きで、西から東まで戦争の絶えない地域でした。戦争によっていつ支配者が変わるかわからない時代には、自国通貨など意味がなかったのです。

　そんなリスクの大きい自国通貨で資産を保有している皇帝ナポレオンは、資産の一部を使い、スイスやフランスで高級腕時計、高級馬具、高級鎧、高級靴などを作らせたり、金・銀・プラチナ・ダイヤモンドなど

の貴金属を買ったと言います。資産を現物で保有していれば、いつ自国通貨が紙屑になっても、時計や馬具、宝石類を転売すればそれがその時代に適したキャッシュを生み、生活できたわけですから。こうした背景が、ヨーロッパのブランド品文化の生い立ちと言われています。

【ユダヤ人について】

　世界各国に散らばるユダヤ人も、ヨーロッパ人に似た文化を持っています。ユダヤ人は世界大戦中、ヨーロッパのあちこちに居を構えていましたが、ナチスドイツのユダヤ人迫害により、居住地から強制的に迫害されていきました。そんな潮流の世の中になると、例えば、オーストリアに住んでいるユダヤ人は、「いつオーストリア通貨が使えなくなるかわからない」リスクを抱えることになります。オーストリアに限らず、ほかの国に住んでいるユダヤ人もそう思ったに違いありません。一国の通貨なんて、ユダヤ人にとっては信用できないのです。

　そうした背景から、ユダヤ人は、ある程度お金が貯まったら、金や銀・プラチナ・ダイヤモンドなどの貴金属に換えたのです。いざとなったらダイヤモンドをポケットに突っ込んで逃げれば、次に移住した国でもダイヤモンドを換金して生活ができる。そんな歴史的背景が、ユダヤ人のダイヤモンドビジネスを生んだの

です。ポケットにダイヤを突っ込んでアメリカに渡り、そのダイヤを売って財を築いたユダヤ人は多いそうです。

【日本人について】
　日本は島国で多国と接していませんし、一民族国家です。日本のまわりはすべて海で、ある意味、海に守られた国です。同じ日本の国土の中で、他民族を追っかけたり追いかけられたりというような歴史的背景はありません。
　ですから、自国通貨の信頼性は国民にとって非常に高く、価格変動のある貴金属よりも「貯金、貯金、貯金」という文化が育っていきました。今でも郵便貯金は一番人気だと聞きます。
　それだけ国民が寄せる信頼性によって守られた通貨、それが日本円なのです。「日本人は日本円を信じすぎている、日本の銀行を信じすぎている」と聞いたことがありますが、まさにその通り。それが悪いとは言いませんが「日本円のリスクを理解する」のも必要な時代になってきました。

（7）Merrill Lynch Emerging Europe Fund
──メリルリンチ・エマージングヨーロッパ（東欧）・ファンド

　中東欧や中南米など、新興市場国への投資資金の流入が加速しているようです。ポーランドやチェコ、ブラジルなどが好調で、ユーコス問題で売られたロシアの株も上昇しています。新興市場国では、資源価格の上昇や経済環境の好転で国債の格上げが相次いでいます。2005年1月にはロシア国債を米格付け会社が投資適格に格上げしました。

　以上のような背景から、以前から気になっていた「東ヨーロッパ諸国」に投資するファンドでモーニングスターのレイティングや純資産額、ベンチマークなどをもとに「優良」と思えるファンドを探してみました。それが、メリルリンチ・エマージングヨーロッパ・ファンドです。

　ファンドハウスはメリルリンチ。スタンダード＆プアーズのファンドマネジメントレイティングの評価は「A」です。ファンドの種類はエクイティファンドで、中東欧諸国の株式に投資するファンドです。

　総資産額は、941,800,000ユーロ（約1320億円：1ユーロ＝140円換算）規模で、大型のファンドです。個人的に「大きいファンドは良い」という独断と偏見がありますので、これももちろん優良ファンドの分類に入ります。

　ポーランドとチェコも大きく組み込まれています。その他、組み入れ比率トップのトルコ、BRICsのロシア、東欧のハンガリーなども要注目です。

MERRILL LYNCH INTERNATIONAL INVESTMENT FUNDS — **EQUITY FUND**

Merrill Lynch
Investment Managers

Emerging Europe Fund
As at 28th February 2005
S&P Fund Management Rating A Forsyth Partners Fund Rating A

Investment Objective and Policy

The Emerging Europe Fund seeks to maximise total return expressed in euro. The Fund invests at least 70% of its total net assets in the equity securities of companies domiciled in, or exercising the predominant part of their economic activity in, developing European countries. It may also invest in companies domiciled in and around, or exercising the predominant part of their economic activity in and around, the Mediterranean region.

Fund Manager's Report

Performance

- The Fund underperformed its benchmark over the month. Poland and Hungary performed strongly, whereas Turkey lagged. In terms of sectors, banking stocks were among the strongest performers.

Portfolio Activity

- During the month we selectively increased our Russian exposure, given the extent of double digit falls and the strong growth prospects for the economy. We participated in the IPO of Russian services conglomerate, AFK Sistema, which stands to benefit from growth in the Russian telecoms sector. We also reduced our holdings in some mid-cap Turkish stocks, that had reached our price targets.

Current Positioning

- We are maintaining our long-term bullish view on the region. However, given the strong performance of many shares in the region so far this year, we might expect a degree of profit-taking in some Central European stockmarkets at some stage. We would use any pull-back as an opportunity to increase our positions in companies where we continue to see fundamental upside in the medium-term. Despite recent short-term volatility, Turkey remains one of the markets where we hold the most conviction. Growth could surprise on the upside and we will continue to look for well-managed companies at attractive valuations in this exciting market.

A-Share Performance in €

	6 Months %	1 Year %	3 Years %	5 Years %	Since Launch %
Fund	+39.7	+38.2	+112.5	+70.4	+579.7
MSCI Emerging Europe (net)	+37.2	+32.6	+85.3	+12.3	+249.2

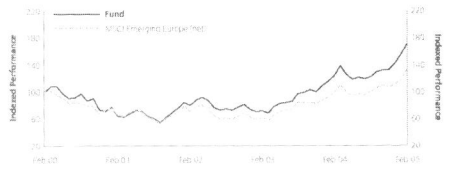

Composition of Fund

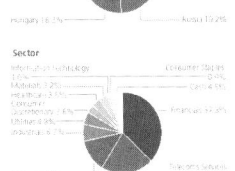

Country
- Russia 5.1%
- Croatia 5.1%
- Estonia 1.9%
- Czech Republic 10.3%
- Turkey 30.9%
- Poland 21.7%
- Hungary 18.3%
- Austria 15.0%

Sector
- Information Technology 1.0%
- Materials 6.2%
- Healthcare 3.5%
- Consumer Staples 0.6%
- Consumer Discretionary 1.5%
- Utilities 3.8%
- Industrials 6.2%
- Financials 34.0%
- Telecom Services 23.2%
- Energy 19.7%

Fund Data

Total Fund Size (m)	6,213.2
Inception	29.12.95
Currency	EUR $
Annual Management Fee	1.50%
Initial Charge	5%

10 Largest Holdings (%)

Otp Bank	6.1
T b Bankasi	5.7
Akbank	5.3
Magyar Olaj Es Gaz	5.3
Kommercni Banka	4.4
Polski Kon Naft	3.9
Vimpel-Communications	3.6
Telekomunikacja Po	3.6
Sistema Jsfc	3.4
Mobile Telesystems	3.2
Total	44.5

Merrill Lynch Investment Managers (Asia) Limited
Address: 17/F ICBC Tower, 3 Garden Road, Central, Hong Kong
+852 2161 7747 • +852 2161 7755 Email: mlim_hongkong@ml.com

（8）HSBC 108% Capital Guaranteed Global 10 Fund
──HSBC 108%元本確保型グローバル10ファンド

　個人的には今のところ購入を見送っていますが、元本確保にこだわる方に向いているのが「元本確保型ファンド」です。ファンド名は「HSBC 108% Capital Guaranteed Global 10 Fund」と言います。

　「108% Capital Guaranteed」の部分は、直訳すると「108%の資本保証」になります。簡単に言うと「10種のグローバル企業の銘柄を組み込んだ、108%保証のファンド」といったところでしょうか。

　ファンドマネージャーのコメントを要約すると、「このファンドは売り出し価格の8%のリターンと、4年半後に100%の元本保証、トータル108%を提供します。資産額の10%を10種のグローバル企業の株で運用し、無制限な潜在的収益を4年半の投資期間で目指します。米国経済は、個人消費・投資・輸出などの部門で安定した成長を実現していて、今後の見通しも明るいです」というニュアンスになります。

　90%を元本確保型の高格付け国債、残り10%を米国のグローバル企業の株式で運用されるものと思われます。預かり資産のうち90%を高格付けの割引債に投資、4年半後の満期で108%の償還が確実なので、残りの10%で積極的な米国株運用をするという商品です。これももちろん、HSBCパワーバンテージ口座からオンライン購入できます。

HSBC International Investment Funds (I) (Tranche 1)
HSBC 108% Capital Guaranteed Global 10 Fund

As at 31 March 2005

Investment objective

The Global 10 108% Fund offers:
- 108% capital guarantee at maturity plus a guaranteed return of 8% of the offer price after four and half years'
- Unlimited growth potential from 10 equally-weighted stocks of the world's most highly regarded companies'
- Four and a half year investment term

Calculating returns

In addition to the guaranteed return of 8%, you will also participate in any growth of the basket of stocks. The actual level of participation is 10% and was set at the commencement of the fund.

Stock basket

Stock name	Country	Sector
Berkshire Hathaway, Inc (B-share)	US	Financial
Cisco Systems, Inc.	US	Communications
Citigroup, Inc.	US	Financial
FedEx Corporation	US	Industrial
General Electric Company	US	Industrial
Intel Corporation	US	Technology
Johnson & Johnson	US	Healthcare
Microsoft Corporation	US	Technology
The Home Depot, Inc.	US	Consumer, Cyclical
Wal-Mart Stores, Inc.	US	Consumer, Cyclical

Guarantee table

Offer/issue price	US$10.00
Guaranteed redemption price per unit at maturity	US$10.80

Fund details

Offer period	12 August – 6 September 2002
Effective date	13 September 2002
Maturity date	13 March 2007
Base currency	US dollar
Fund code	42873
Participation rate	10%
Minimum return at maturity	Capital plus 8%
Fees and expenses	An upfront fee of 1.75% over the life of the Fund was deducted upfront at subscription
Realisation charge	0% if held to maturity; 1.5% of net asset value if prior to maturity
Dealing frequency	Twice monthly, on the first and third Tuesdays of each month
Manager	HSBC Investment Funds (Hong Kong) Limited
Guarantor	The Hongkong and Shanghai Banking Corporation Limited

HSBC
The world's local bank

元本確保型ファンドの仕組み

　元本保証ファンドとは、その名の通り元本保証を確保しているファンドです。正確には「元本確保型ファンド」と言います。表現上の問題ですが、外国通貨建てでカントリーリスクがある以上は「元本保証」という表現はなじみません。ところで元本確保できるなんて、そんなうまい話があるのでしょうか？　そもそもなぜ元本保証が可能なのでしょうか？

　まず運用資産のうち7割程度で、金利が高く格付けの高い安全な国の国債を買います。国債は満期時に元本が10割程度になって償還されるので、これでまず投資金額の全額は確保されます。残りの3割程度を、世界中の株、商品などの金融商品に分散投資します。この3割は超ハイリターンを狙うので、基本的にハイリスク商品に投資します。BRICSや東欧などの新興国投資、原油や畜産、農作物などの商品先物投資、IT関連などのニュービジネス投資などありとあらゆるハイリターン商品に分散投資します。ただ、一見おいしそうだなと思うこの元本保証ファンドにも、以下のようにいくつか問題があります。

1．日本での運用はさまざまな制約があるため、元本確保型には運用に無理が生じます。ですから、あまり大々的に販売されておりません。日本でのファンド運

【元本保証ファンドの仕組み】

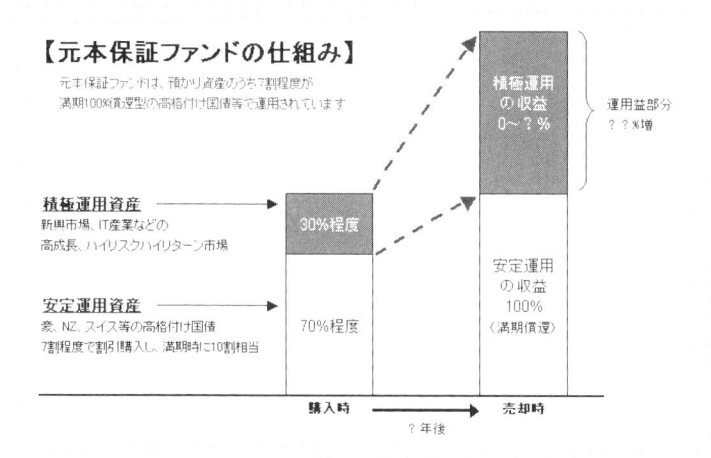

元本保証ファンドは、預かり資産のうち7割程度が
満期100%償還型の高格付け国債等で運用されています

積極運用資産
新興市場、IT産業などの
高成長、ハイリスクハイリターン市場

安定運用資産
豪、NZ、スイス等の高格付け国債
7割程度で割引購入し、満期時に10割相当

| 購入時 | ？年後 | 売却時 |

- 30%程度 → 積極運用の収益 0～?%
- 70%程度 → 安定運用の収益 100%（満期償還）
- 運用益部分 ??%増

用は、投資先がある程度制約されていますので、元本確保を確実なものにしようと思うと、運用は難しくなります。こうした背景から、通常は海外の代理店を通じて購入することになります。

2．外貨建てでの運用のため、円が基軸通貨の日本人にとって確実な元本保証とは言えません。円転しなければ元本確保になるかもしれませんが、私たち日本人は日本に住んでいる以上は最終的には円での利益を確保しなくてはなりませんから、運用益で元本を確保できたとしても、為替の差益で元本割れする可能性をはらんでいます。もちろん為替ヘッジもありませんから、

為替の動き次第では元本割れも十分あり得ます。

3．最低購入価格が日本円換算で100万円程度からなど、多少敷居が高いです。1万円程度から購入できるオープン型（設定後いつでも購入できるスタイル）とは購入単位が違います。そして、オープン型ではなくクローズド型（発行時に海外の金融機関や代理店などに申し込んで買わなければならない商品）なのでスピード感のある情報力と、それらの情報を早めに読みこなす語学力が必要です。

　ただ、元本確保型ファンドは損失の下限は設定していますが、利益の上限は無制限というものがほとんどなので、以上の3点をクリアできれば、投資資金が○×年後に十数倍？！ってこともあり得るかもしれません。

(9) HSBC BRICs Free Style Fund
——HSBC BRICsフリースタイルファンド

　これは、今年（2005年）の4月に設定されたばかりのファンドです。ファンド名は「HSBC Global Investment Funds－BRIC Freestyle （Class M2C）」と言います。その名が示すとおり、「BRICs（ブラジル、ロシア、インド、中国）の株式にフリースタイルに投資するファンド」です。

　今、世界的にBRICs諸国の経済成長が話題にのぼっています。このファンドは、その「BRICs諸国の経済成長の波に乗ろう」という狙いのファンドです。インド、中国のみならず、ブラジル、ロシアを組み合わせたBRICs諸国の分散投資が特徴です。

　上位10社中、半分の5社が石油会社です。ペトロブラスやペトロチャイナなども組み込まれています。ペトロブラスはブラジルの国営石油会社です。ブラジル沖海底油田の採掘で世界的に注目を浴びています。この銘柄は、メリルリンチ・ラテンアメリカファンドにも組み込まれています。産業別に見てみると、資源・素材、製造業、金融業で半分以上を占めます。特にブラジルは、1993年以降は実質GDP前年比が10年連続プラスで推移するなど、非常に安定感が出ているだけでなく、石油や鉄鉱石、ボーキサイトなどの天然資源も豊富にあるので、非常に魅力的と言えるでしょう。

　ちなみに私は、BRICsの石油や天然ガス企業は将来的にかなり有望——資源には限りがあるため。特に石油の場合プレミアがつくと予想されます——と判断しています。豊富な埋蔵量を抱えてはいるものの、採掘技術や搬送技術などがまだ遅れているため足踏みの現状ですが、それが改善されれば今

後数年かけて輸出量は大きく伸びていくと思います。

★ Be there for the investment "BIG BANG"!
Invest in Brazil-Russia-India-China ("BRIC")

The BRIC power bloc

The BRIC countries are on track to becoming economic superpowers and an investment asset class. We believe that economic and corporate policies will drive BRIC stock markets even higher.

The BRIC economies are already recognised as having entered new, more stable eras in their development. Alongside this new stability, the statistics speak of the scale of the opportunity for themselves.

The combined economies of Brazil, Russia, India and China represents 8.6% of the global economy, and their combined populations accounts for 42% of the global population.

The BRIC investment opportunities

▶ Stock market returns have started to reflect BRIC's prospects

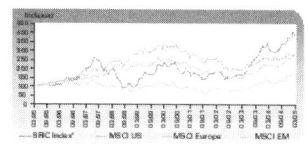

▶ BRIC stock markets offer a strong case for investment

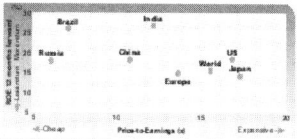

★ BRIC's HIGH GROWTH phenomenon.

Key growth drivers
▶ Large populations with burgeoning middle-class
▶ Improving economic fundamentals and policies
▶ Increasing economic freedom
▶ Government and corporate reforms

▶ The growth story of BRIC

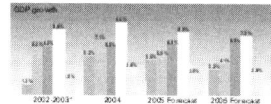

第6章

私たちの香港資産運用奮闘記（体験記）

第1節　きっかけは中国株だった

　長々と資産運用に関して偉そうなことを書き綴ってまいりましたが、実は私、本当に運用らしい運用を始めたのは3年ほど前なのです。それでも、そこそこの成績は収められています。

　ですから、これから海外投資を始めようと思っている方も、そんなに堅苦しくならずに、「ちょっと勉強しながら」の気持ちで始められたらいかがでしょうか。楽しくやればすぐに溶け込んでいける領域です。

　私は今から3年ほど前（2002年4月頃）に、日本株の運用を始めようと思い、日本の某ネット証券に口座を開きました。そこでスイングトレード程度で少しばかり日本株売買を始めたのが私の資産運用の第1歩です。その頃は海外投資など考えたこともありませんでした。

　その某ネット証券会社では、その後、すぐに「チャイナオープン」という中国株に投資する投資信託の販売が開始されました。その言葉に興味を持った私。いろいろと調べてみたところ、「なるほど、中国の将来は面白そうだ。これは日本株でチマチマと取引するよりも面白そうだぞ」と思ったわけです。早速、新発売のチャイナオープンファンドを月々5万円程度積み立てることにしました。

　チャイナオープンを買うということは、実際にお金を掛けていることでもあります。自分の大切な虎の子がかかっているわけですから、当然、もっと中国のことが知りたくなりま

す。身銭を切った（＝行動に移した）ことで知識欲が沸いてくるわけです。

よく、株をやるのに「まず勉強して完璧に知識を得てから、実際に買ってみるよ」という人がよくいますが、それではいつまでたっても株式投資の世界に足を踏み入れることなどできません。大事なのは何よりもまず「やってみること」だと、私は思います。

私の経験から言えば、実際に買ってみて、そこで初めて勉強になることがほとんどなのです。そして、実際にお金をかけてやってみて、そこで初めて真剣度が増し、本気で勉強しだすのです。もちろん、必要最低限のお勉強は必要かもしれませんが、投資理論などは必要ありません。これから株を始めてみたいという方は、まずは買ってみてください。

事実、チャイナオープンを買い続けたおかげで、私は、本屋に行っては中国企業や中国株の本を手に取るようになりました。新刊が出るとすかさず買い、いろいろと勉強するようにもなりました。そして、中国という国に大きな興味が沸いてきました。この頃は、寝てもさめても、考えているのは中国経済のことばかりでした。

　勉強を重ねていくなかで、中国の株が日本で買えることを知った私。さっそく中国株専門の日本の証券会社に口座を開き、せっせと中国株を購入し始めました。もちろん、将来の成長性を株で購入するわけですから、一度買ったら手放さない「バイ＆ホールド」の方針です。この頃から、本屋には中国株関連の書籍が山積みにされ始め、徐々にブームになりつつあった頃でしょう。

　この頃に買った、中国のインフラ系およびエネルギー系銘柄のいくつかは、現時点ではほぼ倍になっています。途中、上がったときに何度も売ろうと思いましたが、我慢して今でも持ち続けています。短期的に上がり下がりはするものの、中長期的にはまだまだ株価は上昇するだろうと予想しているからです。

　中国株を10数銘柄保有していた2003年9月には、「実際の経済成長はどんなものなのか？」をこの目で見たいと思い、突然、上海に行ってみました。上海のエネルギーはすごいですね。空港から浦東へ向かう道のりでは、至るところで建設中の道路やビルを目にしました。街行く若い女の子たちはきれいにメイクし、おしゃれなブランドものの服を身にまとい、イタリア製ブランドバッグを抱え、スターバックスコーヒーを飲んでいます。

このとき、今後、上海以外のところに経済が発展していったらものすごいマーケットが出来上がると思ったのです。現在、世界的に経済はブロック化され、ユーロ経済圏、北米南米経済圏、そしてアジア経済圏と3つのブロックに固まりつつあります。特に、アジア経済圏は世界一の人口を誇る世界最大のマーケットです。その中でも中国は一番国土が大きく、人口も多い国です。数年後、世界の経済を牽引していくのは目に見えているでしょう。

　そういう経緯の中で中国の可能性をひしひしと感じ、そしてインドやブラジル、ロシア、またタイやベトナムなどの新興諸国に大きく興味を持っていきました。そんな新興諸国を投資対象とするさまざまなファンドが販売されているのが香港の金融機関なのです。

第2節　口座開設にまつわるエピソード

　そういういろいろな思いが募る中、いつものように本屋に行って手に取った衝撃的な本、それが橘玲さんの『マネーロンダリング』(幻冬舎)です。これは、大変緻密に描かれた香港金融小説です。金融の知識のみならず、香港の熱気・湿気まで手にとるように伝わってくる、とても細かい描写の大変よくできた小説です。香港での口座開設をお考えになっておられる方々にはぜひ読んでいただきたい一冊です。

　私はこの『マネーロンダリング』を読み、海外投資という神秘的な世界にハマってしまいまして「中国株よりもオフショアファンド」、そして「日本の銀行よりも香港の銀行」という自分の中での資金シフトが始まりました。そして、この本を何度も何度も読み返す中で、香港への興味と知識が深まり、2003年10月頃に初めて香港の地を踏むことになったのです。

　このときはまだ香港での口座開設など、自分にとって敷居の高いものでした。HSBC本店ライオンの像の前で記念写真を撮るのが精一杯(笑)。でも、このとき「いつか近いうちに口座を作って香港の優れた金融商品を買うぞ」と心に誓ったのでした。HSBCパワーバンテージやオフショアファンドの研究を始めたのはちょうどこの頃からです。

　その頃、仲良くしていた投資仲間数名(当時、投資研究会というサークルを運営しておりました)と「香港に口座作って、そこで株やオフショアファンドを買おう！」という話で盛り上がりました。「どこにどんな口座を開くか？」「どんな

商品が優れているか?」「税金はどれだけ違うか?」などを皆で定期的に集まって勉強していました。

しかし、参加メンバーは皆忙しく、数名が脱落し、結局残ったのは3名。その3名で、2004年6月、再び香港へ飛ぶことになりました。このときは、香港のチャイナワールドさん(巻末リンク参照)の手助けを借りて、香港法人も、法人銀行口座も、各個人の銀行口座も作ってしまいました。妙な満足感と一体感を得られた至福の(?)香港旅行となりました。それにしても、海外で銀行口座を持つというのは何とも言いがたい喜びと楽しみがあります。

香港法人については、アジアでの不動産投資会社として利用する予定で今は眠らせておりますが、近い将来、私と私の大切な仲間たちのシアワセプランニングの道具として動き出す予定です。

香港の金融機関や香港法人の利用は、「将来アジアのどこかで何かをしたい」というアジア好きな方のための、ビジネス拠点にもなり得ます。香港は地理的にもアジアの十字路ですし、空路・海路ともに、あちこちに細かく航路が設けられています。香港からでしたらアジアのどこにでも行けますし、外貨の持ち込み・持ち出し制限もありません。比較的資金を自由に動かすことができます。

　アジアのどこかでビジネスを起こしたい。アジアのどこかで隠居生活を送りたい。そんなことを考えているあなたは、将来のための第一歩として、まず香港の銀行にお金を預けたらいかがでしょうか？

第3節　どうやって利益を出すのか？

　香港での口座開設は「一攫千金」のばくちではありません。「香港を拠点にした世界各国への分散投資」が目的です。BRICs（ブラジル、ロシア、インド、中国）をはじめ、タイやベトナム、インドネシア、マレーシアに代表されるようなエマージング（新興諸国）市場と言われる国や地域へ投資します。この手の投資は、「その国の将来性を買う」「その国の経済成長を買う」ものです。ですから、短期的な売買ではなく、最短でも5年は持ちつづける中長期的な売買が基本になります。

　日本は経済的に成熟してきました。中長期的に見ると、経

済は横ばい、もしくは緩やかな成長、緩やかな衰退のいずれかでしょう。こういう状況ですから、日本の株で数倍の資産価値上昇を期待するならば、銘柄選択によほどの時間とお金をかけないといけないと思います。現実的に考えて、かなり難しい話ではないでしょうか。事実、日本の株式投資で利益を出せている個人投資家は約1割という話も聞きます。残り9割の人は損をしているということなのです。

ところが、新興経済圏では話が違います。戦後、日本が経済成長してきたように、まだまだ未成熟な産業も多いのです。要するに、その国の産業全体の急成長が期待できるのです。銘柄選択にあまり頭を悩ませずに、その国の優良な基幹産業を選べば、ほぼ間違いはありません。特に、中国をはじめとするBRICsやアジアブロック経済圏には、中長期的に見て、投資元本が倍増する可能性が大きく秘められています。

香港の銀行には、こうした新興諸国を投資セクターとしたファンドが数多く販売されています。こうした新興国ファンドは、年率150%〜200%というパフォーマンスのものも数多くあります。

香港は、金融制度がいろいろな側面から自由化されていることもあり、世界各国から投資信託会社が進出してきています。預かり資産を2倍にも3倍にも殖やしてくれる優秀なファンドマネジャーが、世界中から香港に集まっているのです。基本的に、日本とは投資環境が大きく違うのです。このような香港の立地的優位性を利用しない手はありません。

また、香港の銀行は日本の銀行と比べて金利も高く、しかも複利で毎月利息が入ります。例えば、100万円を日本の銀行の普通預金に置いておくと1年後の利息は100円か200円くら

い。引き出し手数料にもならないほどの低金利ですが、同じ金額を香港ドルの普通預金に預け入れておけば、毎月1000円近くが入金される話になるのです。

とはいうものの、現在は世界的な低金利が続いていますので、香港ドルも例外なく金利は低めです。ですが、豪ドルやNZドル、英ポンドなど金利の高い通貨で保有しておけば、毎月数千円が利息として入ることになります。

同じ100万円を預け入れるだけでも、預け入れる通貨や預け入れる銀行、預け入れる預金種類によって、年間数万円もの差がつく場合があります。日本円が基軸通貨の我々にとっては、外貨での預金はもちろん為替差が生じます。ですから、豪ドルやNZドルなど流通量の少ない為替では値動きが激しく、売り買いのタイミングによって、その利息が吹き飛んでしまうこともあります。外貨建て預金は注意が必要なのです。

香港での資産運用は、大きく分けると「新興諸国を投資セクターとしたファンドや株式での中長期的投資で数年後の大きな利益を目標とする」スタイルか、「安定した金利と為替運用で、日本円に代わる安定通貨で資産保全する」スタイルかの2種類になります。さらに、そこから細かく分けた分散投資で利益を出すのがバランスのとれた資産運用方法と言えます。

本文中では、HSBC（香港上海銀行）、スタンダードチャータード銀行、ハンテック証券をご紹介しました。この3社は日本の金融機関と比較してもサービス面においてすべて優れています。もろもろの手数料も安く、金融商品も豊富で、さらには格付けも高く安心して取引ができるという、総合的に大変優れた金融機関です。

しかし、それぞれに一長一短があります。また、利用方法

もそれぞれ異なります。ちなみに、私の利用法を簡単にご紹介します。ファンド数が豊富ですべてがインターネットで完結できるワンストップサービスのHSBC（香港上海銀行）は、香港ドル普通預金とファンド購入目的で利用しています。

HSBCと比べて為替レートが有利で、金利の高いスタンダードチャータード銀行は、外貨預金と香港ドルの現地引き出し資金口座で利用しています。

そして、売買手数料が安く、口座維持手数料もなく、しかも専属担当者がついてすべてメールで相談、売買注文ができるハンテック証券は、香港・中国・タイなどの株式購入口座として利用しています。

それぞれ金融機関によって、セールスポイントが異なります。その金融機関が売りにしているサービスを徹底的に活用することも上手に利益を生み出す秘訣と言えるでしょう。

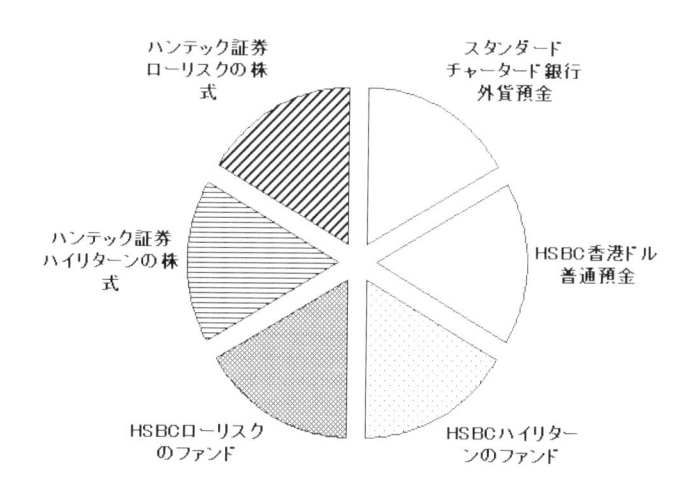

第4節　空き時間を利用すればサラリーマンにもできる

　海外投資は誰でも楽しみながらできる資産運用法です。しかし、初めて海外投資をやってみようという方には3つの壁があると思います。

1．言葉の壁
　これは、英語の話せない方は誰しもが直面する壁でしょう。英語がスラスラ話せるに越したことはありませんが、口座開設のときに話す英単語などは本当に数少ない専門用語に限られていますし（巻末付録参照）、口座開設後はすべてがインターネットとメールのみでのやりとりですから、まったく英語

がわからない人でも辞書を片手に数日やってみれば、いつの間にか覚えてしまうと思います。まさに「習うより慣れろ」の世界です。しかも、楽しみながら英語の勉強ができてしまいます。

　私もほとんど英語は話せませんでした。しかし、気づけばいつの間にかある程度の英語力は身につきましたし、証券会社の担当者とやりとりする英文メールが毎日楽しくて仕方ありません。値段の高い英語教材や英会話教室で身につける英語もそれはそれでいいかもしれませんが、ちょっとした質問や株式の注文、金融関連の話題などでやりとりする英文メールは基本的にタダです。タダで英語が身につくなんて、おいしいと思いませんか？

2．時間の壁

　もうひとつ、サラリーマンにとっては時間の壁があります。「香港に口座を作ってみたいけど、香港に行く時間がないよ」という言葉は本当に何度も聞きました。でも、1週間の休暇をとって行って来いと言ってるわけではないのです。ちょっとした週末を利用すれば、2泊程度で十分事足りてしまいます。格安チケットもさらに安くなりましたので、香港往復3万円程度から行けると思います。

　もちろん、マカオにも行ってカジノをやり、深センにも行ってマッサージもやり、西貢にも行って美味しい海鮮料理も食べという、欲張り満載ツアーを実行しようと思うと2泊では時間が足りませんが、ショッピングして美味しいもの食べて、そのついでに口座開設というスケジュールならば、2泊

3日の旅行で十分です。むしろ、腹八分の旅行のほうがまた香港に行きたいという欲望に火をつけます。

 ちなみに、私もあまり時間がゆっくりとれないので、いつも2泊程度で年に4回ほど香港に足を運びます。その都度、金融機関に顔を出して新しい商品やビジネスのお話を仕入れてくることにしています。

3．お金の壁

 「海外投資」という言葉だけで、「多額の資産運用」というイメージを抱いている人も多いことでしょう。文頭でも述べましたが、もちろんスイスやルクセンブルクなどのプライベートバンクでは、それがそのまま当てはまるでしょう。しかし、香港での運用は低予算で運用できます。だいたい15万円程度のお金があれば事足りると思います。

スタンダードチャータード銀行のEasy Bankingサービスは、1万香港ドル（約14万円程度）を預け入れておけば、口座維持手数料はかかりません。しかも、このEasy Bankingサービスは、日本では販売されていない多数のファンドを買うことができます（今のところ電話かファックスでの注文になります）。

　ハンテック証券で買える中国株やタイ株になると、それこそ単位株で数万円、数千円からでも買える銘柄がごろごろしています。ほかのアジア諸国は株価水準がまだまだ日本よりも安いですから、アジアに目を向けた海外投資であれば、むしろ国内投資よりも金銭的な敷居は低いのです。

以上の３つの壁を気持ち的にクリアすることができれば、あとは実際に足を運び、実践するだけです。香港に足を運んで口座開設する前にも確かにいろいろ勉強しなければいけませんが、実際は、口座開設した後で、金融商品を購入した後で本格的な勉強が始まります。今まで見えてこなかった世界が途端に見えてきます。

　例えば、香港に口座を開いた途端に香港の経済が少しづつですが見えてきます。ラテンアメリカファンドを買ったとたんに、ブラジルに関連する政治や経済ニュースに敏感になります。インドファンドを買った途端に、インドの歴史に深い興味を持ち始めます。

　今後ますます経済がグローバル化してくる中で、「世界がどう動いているのか」という問題に無意識のうちに反応してしまう感覚が今の日本人にとって必要だと思っています。この感覚は、国際的に生き残るためにも必要なファクターであると思います。

　まずは、言葉の壁を恐れずに、週末を利用して数万円握り締めて香港で口座開設をし、日本に戻ったらまずは何かを買ってみることです。デイトレーダーのように「毎日パソコンに向かい、朝から晩まで相場とにらめっこ」という煩わしさはありません。むしろ、前にも述べたように、新興諸国への投資が中心となるのですから中長期投資のスタンスです。一度買ったら手放さないくらいの覚悟が必要です。

　ちょっと空いた時間に、気なるファンドの基準価格を調べたり、自分のポートフォリオを見つめなおしてみたり、下がったファンドを買ってみたりと、その程度の取引であなたの資産運用はこれまで以上に弾みがつくと思います。

第5節　口座開設体験談

　何事も、他人の体験というものは大変参考になるものです。そこで私のブログの読者さんの体験談をご紹介することで、もろもろの情報を補足しようと思います。

HSBC香港　口座開設体験談その1　・・・　タイ在住　かじさん（40代／男性）

　ある中華系の友人から、金融資産をリスク管理していないのは日本人くらいと言われ、私なりにいろいろ調べてみたところ、先送りの日本財政何年先かわかりませんが、いつかはリセットされると、個人的に危機感を覚えました。私が香港のHSBCに口座を開設した時期は、銀行の規定が変更になったばかりでした。準備中には「紹介者が必要」、香港に行く少し前には「バンクリファレンス」「英文の住所証明」が必要という情報をネットから拾い、行くまでに準備しました。何事にも行動を起こす時は情報を取る、これが失敗しないコツです。準備段階の時点では、紹介者が必要でしたので、香港でサポートしてくれる業者を頼みました（結果的に紹介者はいりませんでした）。実際は自分達だけで口座開設できるレベルだったと思います。書類の準備とHSBCで聞かれる内容を、事前にダウンロードした用紙に書き持っていきました。日本語の書き方説明と用紙はHSBCのHPからPDFファイルでダウンロー

ドできます。

◎2004年12月4日にバンコク→香港
　「せっかく香港まで行くのだから」ということで観光のほうがメインになってしまいました。銀行は土曜日の午前中と平日しか開いていませんので、開設は3日目の月曜日朝一番に行くことにしました。空港から出たらすぐATMで日本のシティバンクから香港ドルを手にします。そのまま、エアポートエクスプレスの窓口で「オクトパスカード」を買いました、このカードものすごく便利で交通機関やコンビニでの買い物すべてこれで支払えます。私のようなけちけちで、かつバス利用者（小銭が必要）には絶対便利です。日本のSuica（東京）とエディーカードを足したようなものです。このカードを使ってエアポートバスで市内へ、都合よくホテルの前が停留所でしたから楽でした。夜は、このカード使って地下鉄やフェリー、トラム（ビクトリアピークの観光）で観光へ。次の日も、市内観光。ついでに印鑑（実印）を作り、家に送ってもらいました。良い印鑑を安く作れることで香港は有名なのです。
　さて、ここからが本番です。ホテルはHSBC本店のある対岸の佐敦なのですが、地下鉄は海の下を通りHSBC本店のあるセントラル（中環）へ、K出口の前にHSBC本店があります。HSBC本店で紹介者と会い、エスカレーターを上がりLevel 3の受け付けで「パワーバンテージ口座を開きたい」と言うと、しばらくして担当の女性が出てきて、その担当者のブースへ案内されました。そこで、書類はシティバンクで作ってもらった「残高証明書」とパスポート、事前に書いてきた書類を提出、ほとんど無言で担当者がデータを打ち込み、途中で

「投資は？（インベストメントは？）」の質問に対し、「投資をしたい」と答えますと、「口座開設してからファンドマネジャーを紹介するのでそこで投資について相談してほしい」と言われました。口座開設担当者から、HSBCのカード、カードのPINが入った封筒、テレホンバンキングのPINが入った封筒、パワーバンテージの説明書をもらったところで、「ネットバンキングの登録をしたい」と言いましたら、ネットブースへ案内されました。そこで説明を受け登録。最初は口座番号とテレホンバンキングのPINで入り、自分で考えたIDとパスワードを入力。このとき担当者は離れていてくれました、さすががわかっています。これから、入金パワーバンテージの入金ブースで日本円をドルとユーロへ両替して入金。次に本店の中にあるATMで口座の金額を確認（アクティベーション）、これは必ず行っておく必要があります。これをしないと、日本に帰ってからカードが使えず、書類のやりとりが必要となりますので注意です。この後、ファンドマネジャーと会います、ここも女性でした。ここでアンケートを取り、どんなファンドが合っているかを検討してくれます。その後、お奨めを出してきます。

　「一度、窓口でファンドを購入しないと、後ほどネットで買えない」と言っていましたので奨められるまま、3,000米ドルのグローバルファンドを買いました。この時、米ドルの残高が足らなかったので、ATMで日本のシティバンクから香港ドルを下ろし、また入金。今回はカードを使って自動預け機を使ってみました。HSBC本店内にある、自動預け機は本などにある封筒方式でなく、現金を自動で数え、すぐに口座残高に反映してくれました（日本と同じ）。その後は、ファンドの

書類をもらって終わり。口座の開設は本当に簡単です、勇気だけです。ファンドの購入でけっこう時間がかかりましたので、ファンド購入される方は余裕を持って行かれると良いでしょう。HSBC香港の口座はリスク分散の目的だったのですが、中国株、インドファンドを帰ってから購入。定期もオーストラリア、ニュージーランドと投資系の口座になってしまいました。長期保存の口座なので様子を見ながら運用の予定です。さて、帰ります。飛行機の時間まで余裕があったので、HSBC本店の前から空港まで乗り換えなしで行ける「E11」番のバスで空港まで行きました。21香港ドルと安いです。

文：かじさん（2004年12月に口座開設）
かじさんのホームページ　「バンコク駐在生活」
http://www.nextftp.com/BangukokThai/

HSBC香港　口座開設体験談その2　・・・　日本在住 Gain.L.Greedさん（20代　男性）

●HSBCセントラル本店へ

　私がHSBC香港にパワーバンテージ口座を開設したのは2004年の6月でした。当時は口座開設に紹介状が必要でしたので、「オルタインベストコム」という投資クラブの会員サービスで紹介状を入手いたしました。その紹介状は、香港島の中環（セントラル）にある本店宛てでしたので、本店で口座開設をいたしました。地下鉄港島線の中環で降り、K出口を出ると、道路を挟んで真正面に巨大なビルと2頭のライオンがあります。きっと見逃すことはないでしょう。

●口座開設の流れ

　巨大なHSBC本店ビルの長いエスカレーターを2本上がりLevel5へ行きます。そして、「個人理財中心」というカウンターへ行くと「May I Help you?」と銀行員さんから声を掛けられました。「アイドライクオープンパワーバンテージアカウン

ト」と答えると、すぐにカウンターの中に案内され、担当の銀行員さんとの面接が始まりました。質問に答えると銀行員さんが内容をコンピューターに打ち込んでいく面接方法でした。質問の内容は、住所、氏名、電話番号、職業、勤務先の住所、学歴、投資口座の開設も依頼したので投資の経験、所得等です。あらかじめ用意していた英文表記の自宅住所、電話番号のメモと、仕事で使う名刺（裏面が英文表記）を持っていたので非常にスムーズに進行しました。打ち込んだ内容の最終確認をして、パスポートのコピーをとりサイン（パスポートのサインは漢字でしたが英字のサインでOKでした）すると、すぐにATMカードと小切手、利用手引きを渡されました。口座開設のデータ入力に使っていた端末がインターネットにも接続されていたので、その場でHSBCのサイトに接続、インターネットバンキングの利用の仕方まで教えていただきました。

●FA（フィナンシャルアドバイザー）

　口座開設が無事終わり、Level3に降りて早速入金しようと思ったところ、口座開設の担当者からFAを紹介されたので同じフロアの別の席で、いくつかの金融商品についての説明を受けました。もっとも熱心に奨められたのは、月に2000香港

ドルの積立預金で、2003年は6％の配当実績があり2004年も6％「May be more」の配当を見込め、元本を割るリスクはないという金融商品でした。配当はHSBCの業績に連動しているらしく、香港ドルの運用先としてはかなり有利な運用先だと思いましたが、私の英語力では詳細まで理解できなかったこと、解約しなければ10年間資金が拘束されること、(多分)即決を迫られたことで(ネット等で取り扱ってないとのこと)、丁重にお断りしました。その他にもいくつかのファンドを奨められましたが「アイワントゥーリスクコントロールアンドチューズストックマイセルフ」と言って何も買いませんでした。

●入金

level3フロアのパワーバンテージ専用窓口で日本円の現金と先ほどのカードを出し、「プリーズデポジットホンコンダラーセービングアカウント」と話すと、日本円を香港ドルに両替して普通預金に入金してくれます。とても簡単です。一般のカウンターは混雑していましたが、パワーバンテージ専用の窓口は空いていたので待ち時間はありませんでした。ちょっとだけ優越感を感じる瞬間です。

●ATMでのトラブル

口座開設と入金も無事完了し、ATMのPIN（6桁の暗証番号）を変えて、香港ドルの現金を引き出すためにATMに向かいました。ATMにカードを挿入し、PINを確認しようとしたところ、PINが書いてある封筒の糊が強すぎてうまく開けませんでした。仕方なく操作をキャンセルしようとしたところ、

カードを入れて長い時間放置したことが原因か、ATMカードが出てこなくなりました。周囲にいる銀行員さんに聞いたところ、口をそろえて明日の11時過ぎにまた来てくれとしか言いません。ネットバンキングで資金は動かせるし、最悪の場合は日本からカードの再発行の依頼もできるからなんとかなるだろうと思い、予備の日本円を両替して、銀行を後にしました。翌日11時きっかりに同じフロアに行ったところ、「明日取りに来てくれ」とふざけたことを言われました。カードが取り出せなくなったのが昨日であること、今日の11時に来いと言われたことを、かなり文法のおかしい英語で話したら露骨に嫌な顔をされました。でも「明日は日本行きの飛行機に乗らなければならない、お願いだから助けてくれ」と情に訴えて懇願したところ俄然やる気を出してくれたようで、「20分そこで待ってくれ」と言われました。為す術もなく不安な気持ちで座って待つこと20分。担当者がやってきました。結局、いろいろと書類を書かされ、サインをして、やっとATMカードが返ってきました。もちろん、丁重にお礼を言ったのは言うまでもありません。その後、再びATMの前に行きました。前日の夜、ATMの使い方をイメージトレーニング（?）した成果もあって、今度はPINの変更と残高照会に成功しました。

文：Gain.L.Greedさん（2004年6月に口座開設）
Gain.L.Greedさんのホームページ　「上海ガール」
http://shanghai-girl.cn/

HSBC香港　口座開設体験談その3　・・・　日本在住　初心者Kさん（40代　女性）

■持参した書類

　パスポート、バンクリファレンス、HSBC口座所有者の紹介状、国際免許書（国際免許でなくても、現住所を証明できるものであればよいようです。ただしできれば英文で書かれていたほうが良いようでした）。今回、日本出国前に、知人が紹介状＋人物紹介してくれましたので、私はワンチャイのHSBCに行きました。ただ、ここはプレミア口座が専門のようで（行って知りました）、「プレミア口座開設をしないか」と強く奨められました。でも「キープしておくお金がないので、パワーバンテージがよい」と言い張り（笑）、パワーバンテージ口座を開設してきました。

　ということなので、恐縮ですが、香港資産運用奮闘記のHPのほうがとてもわかりやすい気がするので、詳細は省略させていただきます。あえて言うならば、ファンド商品などの説明が不必要な方は、はっきり「ＮＯ」というべきかもしれません。私は、口座開設時に時間の余裕がないことを伝えたつもりだったのですが、後日、別の日に来るように言われました。「なぜ？」と聞いたのですが、「いろいろ説明するから」ということで行ってみたところ、投資商品の説明を受けました（笑）。どうやら、「多少の投資商品説明が必要」の質問に「YES」と答えていたから、時間がないにもかかわらず"呼び出された"ようなのです。香港から日本に向け、投資に関するアドバイスが禁止されていること、私の稚拙な英語理解力＋説明力が招いたことでした（ハハハ）。でも、HSBCのフ

ァンド商品などの説明をしっかり聞けました（笑）。

　それと、HSBCはカードは開設と同時にくれます。それをもって窓口で入金ＯＫでしたが、ワンチャイHSBCでは、一日に75,000円までしか入金できませんでした。

■開設後に頂いてきた書類など
　名刺、HSBC香港のパワーバンテージ口座説明書、手数料や維持管理料に関する説明書（全て英語）、口座カード、断ったのにくれた香港ドル小切手（笑）、PINナンバー書類（TEL用とATM用の２枚）

以上、HSBC香港の口座開設です。

文：初心者Kさん（2005年5月に口座開設）

スタンダードチャータード銀行　口座開設体験談その1（失敗編）　・・・　日本在住　Jさん（30代　男性）

　まず初めに向かったのは、スタンダードチャータード銀行。今回は、妻との共同名義口座を作ろうと思い、スタンダードチャータード銀行に向かいました。ただ、Kzさんの失敗話――以前どなたかとスタンダードチャータード銀行口座作成を試みたとき、その方が英語ができないことを理由に断られた話――を知っていたので少々不安でした。そう、妻は英語がダメなのです。僕の英語もブロークンですので、偉そうなこ

とは言えませんが…。

　スタンダードチャータード銀行に着き、正面玄関を入っていくと、銀行にたどり着きます。そこで、口座開設したい旨を言うと、ブースに連れて行かれました。25～6歳の若い女性が対応してくれました。初めは「My Dream Account」という新しい口座を説明していましたが僕が「Easy Banking か Excel Bankingにしたい」と言うと、2つの口座の説明をしてくれました。かいつまんで説明すると、【Easy Banking…10000香港ドルが最低預金額】【Excel Banking…150000香港ドルが最低預金額】だが、取引は専用ブースでアドバイザーと相談できる。ということらしいです。HSBCのように、ファンドなども買えるALL in Accountか確認しましたが、スタンダードチャータード銀行にはそういう口座は用意されていませんでした。香港ドル普通預金, 香港ドル当座預金, 米ドルやユーロなどの外国通貨、ファンドや債券など、自分が使いたい口座を組み合わせるようです。HSBCのようにひとつの口座番号ではなく、それぞれに口座番号が用意されるみたいです（シティバンク香港と同じような方式ですね）。

　さて、実際に口座開設の段階になりました。ここまで、すべて僕と担当者が英語でやりとりしていました。彼女が「ちょっと黙っていてくれる？」って言うので何かなって思っていると、妻に担当者が「あなた、英語しゃべれるの？」って聞き始めました。

妻が「少しだけ」
担当者：「口座を作る目的は（英語）？」
妻：「・・・・・」

担当者:「アドレスプルーフ持ってる？」
妻:「・・・・」

　担当者は簡単な英語で、妻の英語力を試したのです。僕は思わずアチャー！と思いました。Kzさんご一行様と同じ洗礼を受けてしまったのです。共同名義の場合は大丈夫と思ったのですが、この場合二人とも英語ができることが必要条件でした。担当者「彼女は英語ができないようなので、口座は作れません」。

僕:「妻はやさしい英語をゆっくり言ってもらえれば大丈夫」
担当者:「先ほど、ゆっくりと聞きましたが、彼女は理解していないようでした」
僕:「彼女は銀行用語は使い慣れないので・・・」
担当者:「根本的に彼女とのコミュニケーション手段がないと口座開設は無理です。あなたひとりなら口座開設はできます」

と言われてしまいました。その場で、妻と相談し、取りあえず僕ひとりの名義での口座開設にしました。

文：Jさん（2005年8月に口座開設）

スタンダードチャータード銀行　口座開設体験談その2（成功編）　・・・　日本在住　Jさん（30代　男性）

　僕が作成したのは「Excel Banking」。担当者はEdwardとい

う兄ちゃんでした。HKD Savings, USD Savings, USD Time Deposit, Mutual Fund,の４つで口座を作成しました。小切手口座はHSBCのがあるし、ほかの外貨は後からでも追加できるとのことでやめました。ATMカードは作成してもらうよう頼みました。パスワードはその場でもらいましたが、カードは郵送されるそうです。せっかくここまで来て口座を作るのですからできることはすべてやろうと思いました。そう、Mutual Fundの注文までしてきたかったのです。以下は、ファンド申し込みの相談です。

Edward：「どんな地域・セクターに興味がある？」
僕：「東欧・エネルギー・アジア・アメリカかなあ」
Edward：「いい選択だね。アメリカも景気がすごく良いし」
僕：「最低の購入価格はいくらから？」
Edward：「20000香港ドルからで、手数料は1％割引になるよ。今、いろいろ資料を出すよ」

って言って出してきたのが
・メリルリンチ　World Energy
・JPMF Eastern Europe
・Aberdeen Asia Pacific
・Schroder　US　Small Companies　　でした。

僕：「スタンダードチャータードで売っているファンドってどの位の数あるの？」
Edward：「わからないよ、800位あるのかなあ、投資したい地域・セクターを聞いてから探すから」

僕：「じゃ、InvestecのGlobal　Energy　と Global Strategic Value と Baringの東欧ある？」
Edward：「あるよ」
僕：「（しばらく考えて）Investec　Global　Energyとあと****と****を買いたい」
Edward：「わかりました。書類作るから、サインして」
僕：「余ったお金はすべてアメリカドルの定期にして」
Edward：「アメリカドルより香港ドルの定期のほうが金利良いけど」
僕：「安心のためにアメリカドルでいいよ」
Edward：「わかった」

　ということで、無事に終了しました。楽しい会話つきで取引できました。その日の夕方になり、彼から電話がかかってきました。「明日、うちのマネジャーがファンドのことであなたに会いたいと言っているが来れますか？」。僕は一瞬青くなりました。何か問題があったんではないか？　僕の英語も問題だったのか？　マネージャが会いたい？　次の日にスタンダードチャータード銀行に行ってわかったのですが、彼が言っていたのは「あなたのマネージメントしたファンドが約定したので書類を取りに来てください」という意味だったらしい。突然、携帯に銀行から電話がかかったので、僕も慌ててしまい、完全に勘違いしてしまいました。以上、スタンダードチャータード銀行体験談でした。

文：Jさん（2005年8月に口座開設）

ハンテック証券　口座開設体験談その1　・・・　日本在住Takeさん（30代　男性）

　いよいよ本題のハンテック証券を訪問。アポイントは午後2時。慣れない地下鉄にセントラル駅から乗り、一駅隣のションワン駅で下車しコスコタワーへ！　出口からすごく近いです。まだお昼だったので近くでランチにしようとぶらついたのですが、少し通りから外れると迷路のような雑居ビル街に入ってしまい……。何とかなじみのMacに寄ってタワー入り口に到着、45階へ！

　受付でYさんとのアポがある旨を伝えました。少し早かったのでソファに腰掛けていたところ担当の方が登場し中へ通されました。スタッフのデスクがズラリと並ぶ後ろを歩いて奥のゲストルームへ。Yさんは別の方と応対されているようで日本語で書かれたハンテック証券の紹介記事を見ながら、お茶を頂きました。

　「こんにちは」との声が聞こえ、少しほっとしたところ、Yさんが入って来られました。日本の銀行・証券会社で勤めた経験があるとのことで、とても日本語が流暢で驚きました。会社の概要から口座開設に関するさまざまな説明を受け、必要書類にサインをし手続きして頂きました。銀行口座開設の時と違い日本語で話せたので、安心感がありました。

持参書類は以下の物です。
・パスポート
・銀行口座へ現金を預け入れた時の明細書
・事前に用意頂いた必要事項を記入した用紙

そして、今後の取引時に窓口になって頂くWさんを紹介されご挨拶。せっかくなので、以前より目をつけていた深セン株の万科企業を3.28香港ドルで注文して頂きました。ほんとに小口の投資で気恥ずかしい思いでしたが、長い目で考えてることをお伝えしこの場を後にしました。先程のお客様は10,000,000円ほど投資されたとのことで、ほんと驚きです！

　今回、本当に充実した3日間の滞在でした。最後にはビクトリアピークでド界を眺め（ついでに、たまたまあった香港上海銀行のATMにキャッシュカードを通し、暗証番号を変えましたが、どうもうまくいかず日本でうまく使えるか心配です！）、マカオにも足をのばし、カジノ街も見てきました。これからの中国に大いに期待が持てる思いでした。帰国後、購入株が急に上がり、元切り上げのニュースがとび込むなど、わずかな投資でしたが、私的には絶好のタイミングとなりました。

文：takeさん（2005年7月に口座開設）

ハンテック証券　口座開設体験談その2　・・・　日本在住おちはるさん（40代　男性）

　今回はいよいよ香港旅行の最大の目的であるハンテック証券への口座開設の日。なぜ、香港の証券会社なのか。理由はいくつかありますが、手数料が安い、日本人でも口座開設できる、日本語でOKといったところが最大の理由です。ここに至った要因は、インターネットのサイトで見つけた、「香港資産運用奮闘記」のサポートのおかげです。ハンテック証券のYさんをご紹介いただいたことが大きい。いよいよ出発です。持ち物は6点

①「ハンテック証券への行き方」
②「ハンテック証券口座開設希望の方」へという解説書
③「ハンテック証券口座開設申込書」
④「ハンテック証券口座開設申込書記入例」
⑤パスポート
⑥シティバンクステイトメント

　よし、忘れ物はない。MTR（地下鉄）で上環へ。「ハンテック証券への行き方」を頼りにE2出口を探す。この駅は終点なのでとにかく広い、しかし案内もあるので迷うことはないでしょう。E2出口を出ると横断歩道があります。その正面のビルが目指すCOSCO Tower（中遠大廈）です。ビルに入るとエレベータがありますが、ハンテック証券は45Fなので中層階用の真ん中の列のエレベータに乗ります。エレベータを降りると、出た正面に受付が。そこで来訪の目的を告げ、「I would like to open a account and I have a appointments Mr.Y」と、Y氏にアポイントがあることを告げたところ、横のソファーで待つように指示されました。2分後に女性が案内してくれてY氏の部屋へ案内されました。ここまでが英語です。あとはY氏との話は日本語で十分です。しばらく雑談後に（Y氏は日本に留学経験もあり日本語ぺらぺらです）口座開設の手続きに入りました。記入が必要な書類は冊子（15ページ位）になっていてこれに必要事項を記入します。「ハンテック証券口座開設申込書」（kz@銅鑼湾さんより送付）のおかげでスムーズです。Y氏はなぜここにサインが必要かという説明もきちんとしてくれます。手続きは約1時間で終了です。

　その後、ハンテック証券の会社内をご案内いただきました。口座開設は非常に簡単でした。ここで、私なりのハンテック証券に口座開設できたメリットを上げます。

①日本の証券会社を使うよりも手数料は安い。
②Eメールで IPO が買える
③日本円で入金 OK

　特に③のシステムはありがたいです。あとは参考ですが、私はシティバンク香港のステイトメントを持参しましたが HSBC のステイトメントのほうが良いようです。もし HSBC に口座を開設していないなら今後のこともありますので、口座開設されたほうが良いです。インターネットでオンライントレードはできますが月300香港ドルです。そんなに頻繁でないなら通常はEメールかファックスで十分です。売買の注文はY氏宛か、口座開設時に紹介される自分の担当の方に指示を出

せばOK。ちなみにハンテック証券のサイトの株価情報は1時間遅れの情報です。

文：おちはるさん（2005年5月に口座開設）

ハンテック証券　口座開設体験談その3　・・・　日本在住YTさん（30代　男性）

　6月27日。予定通り、10時にコスコタワー45Fのハンテック証券受付。たどたどしい英語を話した途端、笑顔で内容を聞いてくれました（結構向こうの方は商売していても感情を顔に出しますからねー）。担当者が来るまで右側のソファーに座っていてくださいとのことでしたので、ブルームバーグのTVを見ながら待っておりました。5分くらいして担当者W氏が参りまして名刺を頂きました。「それでは、私の部屋へどうぞ」ということでそちらに。Y氏が来るまでは多少時間があるので口座開設書を書くことにしました（この時、パンフレット、Y氏の載っている記事コピーも配布）。

　「香港の銀行の口座ステイトメントとパスポートを貸してください」とのことでコピーをしてもらいました（その後返却してもらいました）。半分くらい記入したところで（15分経過）、Y氏登場。挨拶し名刺を頂きました。まずは雑談をしてからハンテック証券の会社概要について説明を受けました。その後、残りの箇所を指示に従い記入。大部分をY氏が書いて

くれたのでサインだけという感じでした。一通り終わったところで、入金、出金、注文の説明を受けました。また、注文した際にいくら掛かるかについては特に詳しく説明して頂きました。

　「質問ありませんか？」と言ってきましたので下記の質問をしました。

■「シティバンクからの送金は無料になる予定にあるのか？」
→会社側の問題で特に予定はない
■「住所変更の時はどうすればいいのか？」
→メールで連絡してください。住所を証明するものできれば英文のものを送ってください。
■「インド、東欧などの投資を考えていますが？」
→できればファンドをお奨めします。手数料はほかの会社を経由しますがディスカウントするので安いと思います。
■「日本語WEB対応については？」
→今、検討中です。日本語スタッフを採用したりして対応を図っていく予定です（具体的な日程などは聞けませんでした。机の上に日本人の投資家対応への計画書みたいなのが置いてありました。今後、力を入れていってくれるかなと感じました）。

　また注意事項で、「メールの際は担当者のＷ氏宛に送ってください。またＣＣ：でＹ氏にも送ってほしい」とのことでした。「日本語メールは読むことができますが、送るときは文字化けするので英文メールで送ります。注文の際はテキスト形

式、ワード形式などで英文でオーダーしてください（W氏が注文手続きをするので）」とも言われました。

　また、メールを私のアドレスに送るテストもしてもらいました（帰ってからメールと添付のファイルも確認できました。受領確認メールを訪問の際のお礼も含めて再度返信致しました）。

　さらに、できれば名刺を用意したほうがいいです。Y氏が報告書を書くようです。

　以上が終わり、「最後に会社内見学しましょう」とのことで45Fのフロアを一周しました。すべての手続きなどが終わりW氏にお別れの挨拶をした後、1Fの出口までY氏に見送って頂きました。全体で1時間15分程度でした。2人ともとても親切で感動いたしました。また、受付の方の笑顔も良かったです。

文：YTさん（2005年6月に口座開設）

# 海外投資情報サービスの活用法

第7章

第1節 HSBCインベストメントサービスの使い方

http://www.tools.hsbc.com.hk/script/hk/personal/invest/

HSBC香港では、HSBCインベストメントサービスという会員向け（登録無料）のインターネット無料情報サービスを提供しています。HSBCの口座保有者でなくとも手軽に利用できるのでオススメです。

このサービスでできることは、中国株やファンド、為替、債券等の銘柄監視と、株式に関するマーケット情報の入手——「最新の売買高TOP10」「出来高TOP10」など——です。

中国株の価格は、今や国内サイトどこでも見れますが、オフショアファンドは、どうしても基準価格がわかりにくくて苦労します。郵送されてくるステイトメントを見ても、タイムラグがありますしね。

1．TOPページにアクセス

まず、HSBCインベストメントサービスのTOPページにアクセスします。画面の右側に右図（その1）のような「Create Profile」というリンクがありますので、それをクリックします。ここでまず会員登録（無料）をします。

「英語が苦手」な人でも使ってみて

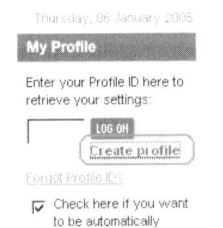

◆その1

ください。金融に関する英単語を覚えるいいチャンスになると思います。実際、私も英語はほとんどできませんでしたが、「習うより慣れろ」で、香港での銀行とのやりとりはだいぶできるようになりました。

2．会員登録（メールアドレス登録）

「Create Profile」をクリックすると、下図（その2）のような別ウィンドウが表示されますので、ここに自分のメールアドレスを入力して、「Submit」をクリックします。すると、あなたのメールアドレスにHSBCインベストメントサービスのログインIDが送られてきます。

◆その2

3．ログインIDの発行

送られてくるメールは次のようなものです。「HSBC Investment service new profile」という題名で送られてきま

す。メールの文中に8桁の数字が並んでいます。これがあなたのログインIDになります。次回からはこのIDを使い、HSBCインベストメントサービスにログインします。

Subject HSBC Investment service new profile

Your Profile ID has arrived

Dear Customer,

Thank you for your registration. As requested, this is your profile ID:

12345678　←これがログインID

Please keep the details of this email for future reference. To get started, just click http://www.hsbc.com.hk/hk/personal/invest/ and enter the above profile ID. You will be able to retrieve or modify your personal settings.

Best regards,
HSBC Investment Services

If you have received this email without your request, please ignore this message.

◆その3

4．利用できるメニュー

ログインすると、次ページの「その4」のようなメニューが並んでいます。左から順番に、株式（Securities）、投資信託（Unit Trust）、債券（Bonds）、新規公開（IPOs）、預金（Deposits）、資産計画（Financial Planning）です。それぞれクリックしてみてください。

5．為替の画面

「その5」はTOPページに表示される「為替」の画面です。それぞれの通貨をクリックすると、チャート図等が表示され

We offer a full range of investment products
Securities | Unit Trusts | Bonds | IPOs | Deposits | Financial Planning
Make an appointment with our Financial Advisor

◆その4

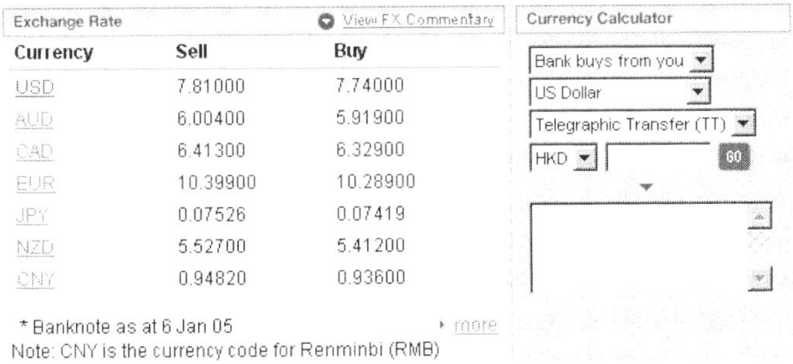

Exchange Rate		○ View FX Commentary
Currency	Sell	Buy
USD	7.81000	7.74000
AUD	6.00400	5.91900
CAD	6.41300	6.32900
EUR	10.39900	10.28900
JPY	0.07526	0.07419
NZD	5.52700	5.41200
CNY	0.94820	0.93600

Currency Calculator
Bank buys from you
US Dollar
Telegraphic Transfer (TT)
HKD

*Banknote as at 6 Jan 05　　　　▸ more
Note: CNY is the currency code for Renminbi (RMB)

◆その5

ます。

6．株式の画面

　「その6」はTOPページに表示される「株式」の画面です。ここで監視銘柄を追加登録しておけば、常にリアルタイムでTOP画面に表示されます。

　それぞれの銘柄コードをクリックすると、チャートや出来高、時価総額などの詳細情報が得られます。HSBCに口座を保有している方は、この画面の「BUY」＆「SELL」で即座に売買できます。

7．投資信託の画面

　右図（その7）はTOPページに表示される「投資信託」の画面です。ここで監視銘柄を追加登録しておけば、常にリアルタイムでTOP画面に表示されます。それぞれのファンド名をクリックすると、ファンドの詳細が表示されます。それぞれ2段構成になっています。上段がHSBCで販売しているファンド、下段がそのファンドと比較しているベンチマークになります。

Securities - Share Watch

Price as at 06-Jan 08:25 HKT　Refresh

Stock Code	Stock Name	Last	Change	%Change	Buy	Sell	Remove
☑ 00177	JIANGSU EXPRESSWAY'H	3.38	0.00	0.00%	☐	☐	☐
☑ 00728	CHINA TELECOM	2.75	0.00	0.00%	☐	☐	☐
☑ 00857	PETROCHINA CO LTD'H'SHS	4.08	0.00	0.00%	☐	☐	☐
☑ 02868	BJ CAPITAL LAND	2.12	0.00	0.00%	☐	☐	☐
☑ 08035	WAH SANG GAS HLDGS LTD	0.64	Close before suspension				☐

All stock quotes are delayed by one hour.
For real-time quotes, more information and personalised resources, go to online@hsbc

Get **Stock Quotes**
[　　] [GO]　←監視銘柄を新たに追加（株式）

[Edit]

▸ Look Up Stock　▸ Top 10 Active Stocks　▸ Market News　▸ Stock Indices

◆その6

Unit Trusts - Fund Watch

Fund *Benchmark*	As at Date	Currency	Offer Price/ Bid Price	1 Year (%)	3 Year (%)	5 Year (%)	Buy	Sell	Remove
上段　HSBC Thai Equity Fund	04/01	USD	8.6000/ 8.3100	+10.26	+251.77	+117.81	☐	☐	☐
下段　*Thailand S.E.T. Index*				+2.99	+141.63	+53.95			
上段　HSBC Indian Equity Fund (Class AD)	04/01	USD	78.1160/ 74.0160	+33.27	+244.11	+110.99	☐	☐	☐
下段　*S&P/IFCI India USD*				+27.14	+104.23	+31.63			

The percentage past performance figures are based on the preceding month-end figures for the respective fund.
Want more information or to take action now? Go to online@hsbc

(Look up **Fund** [GO])　←監視銘柄を新たに追加（投資信託）

◆その7

第2節　モーニングスターの使い方

http://www.morningstar.co.uk/

　オフショアファンドを調べるには、モーニングスターの英国サイトが便利です。2005年3月6日現在では、世界の210社のファンドハウスと、4254本のファンドがモーニングスターのデータベースに登録されています。

　モーニングスターでは、これらのファンドをリスクやリターン、時価総額、騰落率、手数料、運用年数などのさまざまなファンド要素から常時格付けしています。ユーザーは無料でこれらのデータを閲覧することができます。

　このような便利なものを利用しない手はありません。オフショアファンドを購入している方、購入を検討されている方、または興味を持たれている方、ぜひ無料メンバー登録しましょう。

1．モーニングスターのメンバー登録

　まず、www.morningstar.co.uk にアクセスします。すると、右図（その1）のような画面が表示されます。

　画面左側のメニューの「My Portfolio」をクリックしましょう。すると、IDやパスワード、名前、メールアドレスなどを入力する欄が出てきます。すべて入力して登録します。

　メンバー登録後、「My Portfolio」の画面から、気になるファンド、購入しているファンドなど、ポートフォリオシステムに登録すれば、基準価格などを監視することができます。

◆その1

◆その2

銘柄を登録すると、Gain/Loss、Returns、Rating and Risk、Custom Portfolio、X-Ray、Edit Portfolio などのメニューが使えるようになります。ファンドに関するさまざまな情報を入手できます（その2）。

2．ファンドクイックランク

「その1」の左のメニューの「Fund Quickrank」をクリックすると、モーニングスターデータベースに登録されている4000以上のすべてのファンドを、アルファベット順、カテゴリー順、ファンドハウス順、リターン率順、格付け順、リスク順、期間ごとのパフォーマンス順のように、さまざまな条件でソート表示できます（「その3」参照。これはとっても便利だし楽しい！）。

ちなみに、HSBC GIF Indian Equity Fundは、3年間の上昇率ランキングで4254本のファンド中の第9位でした！

表示されたファンド名をクリックすると、「その4」のようなファンドの概要が表示されます。

各ファンドのOverview、Total Returns、Risk and Rating、Portfolio Managementなどが閲覧可能です。ファンドパンフレットよりも、より詳細で新しい情報が入手できます。

オフショアのファンドには「情報が入手しにくい」という難点がありますが、このmorningstar.co.ukは、ある意味「ファンドカタログ」的な役割があります。使い方によっては、この情報だけで十分カバーできるほどの良質な情報＆膨大な情報と言えます。くどいですが、オフショアファンドを購入している方、または購入を検討されている方、興味津々の方は、ぜひ利用してみましょう！

Overview	▶Returns	Rating and Risk	Fees					Results: 1 - 30 of 4254 Next 30	
Holding	YTD (%)	1Y (%)	3Y (%) ▼	5Y (%)	10Y (%)	Date
Average:	2.6	9.1	10.2	-2.2	90.6	
JPMF Natural Resources Fund A Acc	14.3	29.8	161.7	232.6	218.5	2/3
WestAM Compass Fund - European Convergence Fund C Acc	14.4	69.0	160.8	-	-	3/3
Templeton Eastern Europe Fund A Acc	12.4	46.0	131.4	76.2	-	3/3
Marlborough Special Situations Fund Inc	12.7	32.5	128.8	85.0	-	4/3
Aviva Funds European Convergence Equity Fund	12.5	56.1	128.5	104.2	-	4/3
Thames River Eastern European Fund $ Inc	12.8	38.1	128.0	-	-	3/3
Merrill Lynch IIF Emerging Europe Fund A2 € Acc	15.8	37.1	122.8	77.6	-	3/3
Merrill Lynch IIF Emerging Europe Fund A2 $ USD Acc	14.3	35.3	121.9	75.3	-	4/3
HSBC GIF Indian Equity A Inc	2.3	21.0	113.6	22.1	-	4/3
ABN AMRO Eastern Europe Equity Fund Acc	11.9	42.8	110.0	94.7	-	3/3
UBS (Lux) Equity Fund - Central Europe Acc	13.7	59.1	108.1	56.6	-	3/3
First State British Smaller Companies Fund A Acc	17.9	32.5	104.4	48.3	-	4/3
First State China Growth Fund 1 Acc	9.8	12.2	104.1	-	-	3/3
Credit Suisse European Frontiers Fund R Inc	13.5	30.9	103.8	-	-	4/3
Baring Eastern Europe Fund € Inc	13.6	34.2	103.2	92.6	-	4/3
Baring Eastern Europe Fund $ Inc	12.1	32.6	102.4	89.7	-	4/3
Pictet F-Eastern Europe P Acc	14.5	29.6	102.0	118.6	-	3/3
JPMF Europe Convergence Equity Fund A Inc	14.3	55.9	101.8	-	-	4/3
JPMF New Europe Fund Inc	14.1	27.6	101.0	61.0	-	2/3
Deutsche GlobalSpectrum Japan Enterprise Fund D Acc	5.3	36.3	99.3	-	-	4/3

◆その3

| Quickrank | Overview | Total Returns | Risk and Rating | Portfolio | Management |

Morningstar Quicktake™ Report | Overview | 2005-03-06

HSBC GIF Indian Equity A Inc

Key Stats

Morningstar Category™	Asia ex Japan Equity	Morningstar Rating™	★★★★★
IMA Sector	-	Total Net Assets (mil)	2586.03 USD
Latest NAV	74.95	Currency	USD
Bid	-	1 Day Change	0.6
Offer	-	YTD Return	2.3

Morningstar Rating™ out of 506 funds in the Morningstar Category™: Asia ex Japan Equity, as of 2005-01-31 | Read more about Morningstar Rating™

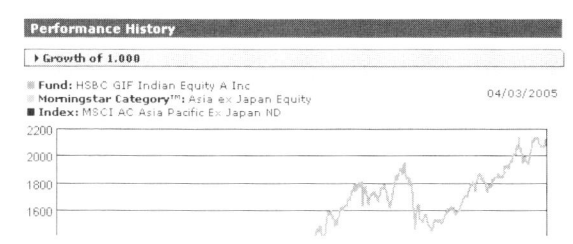

Performance History

▶ Growth of 1.000

■ **Fund:** HSBC GIF Indian Equity A Inc
■ **Morningstar Category™:** Asia ex Japan Equity
■ **Index:** MSCI AC Asia Pacific Ex Japan ND

04/03/2005

◆その4

第3節　フィナンシャルタイムズの使い方

http://funds.ft.com/funds/

　2005年3月現在、4000本以上のファンドがモーニングスターに登録されていますが、フィナンシャルタイムズのデータベースには、2倍以上のデータである8925本の海外ファンドが登録されています。ファンド登録数ではフィナンシャルタイムズがモーニングスターを上回っていますが、それだけ多くのファンドが登録されていると、あまりにも量が多くて探すのもまた大変です。なので、場合によってはモーニングスターのほうが使いやすいこともあります（実際はモーニングスターの検索でほとんど事足りてしまいます）。

　フィナンシャルタイムズは、とにかく数にこだわった、どちらかというと「マニア向け」のサイトといった感じです。フィナンシャルタイムズは、英国の金融・経済専門誌です。世界中で販売されていて、日本でも駅の売店やホテルなどで購入することができます。海外のファンドに興味を持ったときに購入してみるのもよいでしょう。最低限の英単語で、何となく読めてしまうと思います。

　同様の情報を以下のサイトで閲覧することができます（その1参照）。とても便利です。ただ、モーニングスターと比べて登録数が多く、慣れないとやや使いづらい感はあります。まず、フィナンシャルタイムズのサイトにアクセスしてみましょう（http://funds.ft.com/funds/）。アクセスすると、次ページの画面（その1）が出ます。「Step-by-step」の「Click here」をクリックし、ファンド検索画面に飛びます。

◆その1

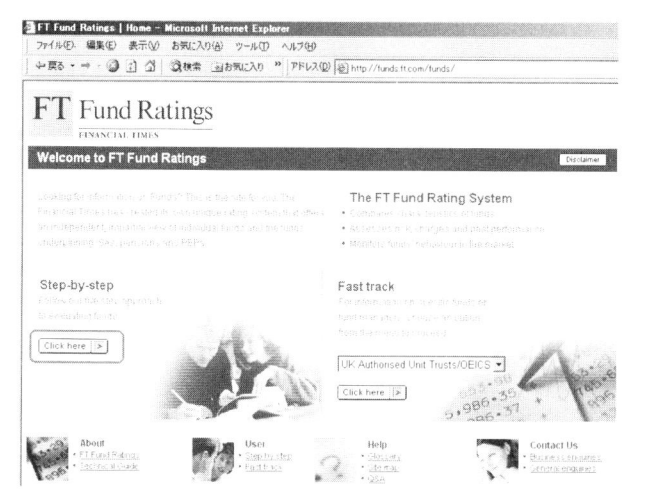

　次に、「その2」のような検索画面に変わります。ここで、自分が探しているファンドの、「リスクレベル」「投資地域」「通貨」などの条件を選びます。ファンドは以下の5段階のリスクレベルに分類されます。

　　1.Very Low（とても低い）
　　2.Low（低い）
　　3.Medium（中程度）
　　4.High（高い）
　　5.Very High（とても高い）

◆その２

　私は今のところ、３、４、５にとても興味があります。そしてエマージングマーケット（新興市場）は、ほとんどそこに分類されます。自分の見たい条件にチェックを入れたら、「View Result」をクリック。すると、希望するタイプのファンドがずらずらっとリストアップされます。

　すると「その３」のような検索結果が表示されるので、過去のパフォーマンスや手数料、運用会社などを見て、興味を抱いたものをクリックしてみましょう。

◆その3

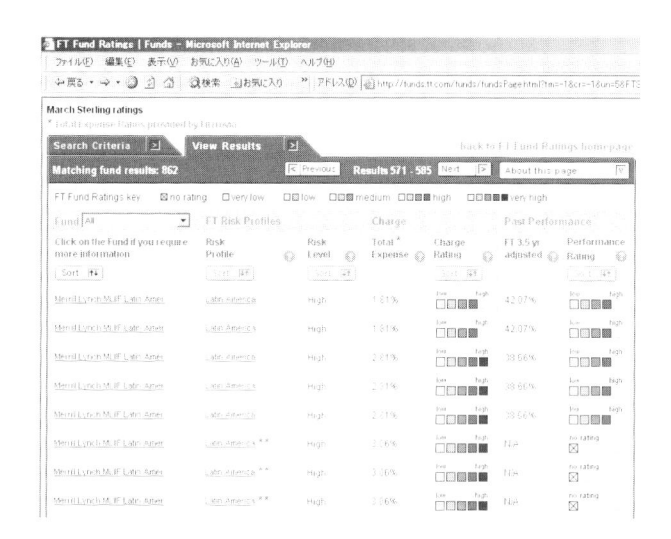

　ちなみに、同じ名前のファンドが連続して並んでることもあります。同じファンドでも販売通貨が数種類あると、そのぶんリストされるためです。例えば、Aファンドが、米ドル建て、ユーロ建て、英ポンド建て、カナダドル建てと、4種類の通貨で販売されている場合は、4つリストされます。

　リストの中のそれぞれのファンド名をクリックすると、「その4」のようなファンドごとの詳細ページが見れます。過去のパフォーマンスのグラフ、最低投資額、手数料、総資産額、ファンドマネージャーの名前、運用会社、連絡先など、ファ

ンドに関するさまざまな情報が掲載されています。これですべてがわかるわけではありませんが、ファンドを購入する際のある程度の目安にはなると思います。頑張って、自分の投資スタンスにピッタリのファンドを探してみましょう。

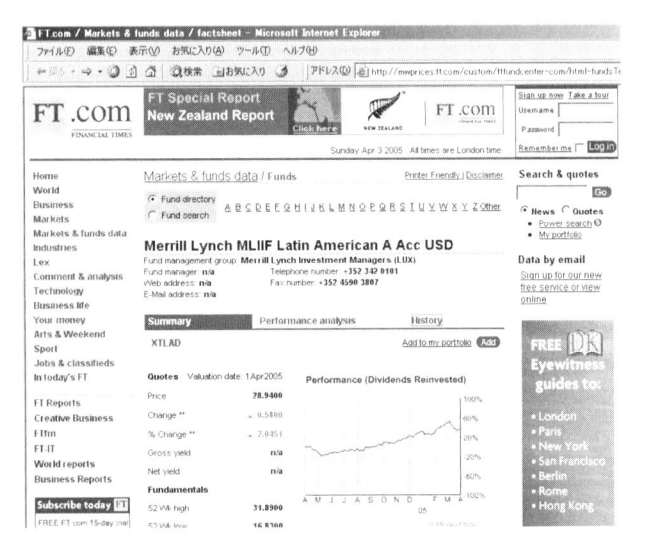

◆その4

第4節　香港証券取引所の使い方

http://www.hkec.com.hk/

　最近では、ネットでもさまざまな中国企業情報を入手できるようになりましたが、香港証券取引所（HKEx）の生のリアルタイム情報を入手している方はどれだけいるでしょうか。

　香港証券取引所（HKEx）のウェブサイトには、Investor service Centerというサービスがあります［会員登録（無料）］。投資先企業のポートフォリオ管理や、その企業が何かを発表したときにすぐメールで知らせてくれるEアラート機能が便利です。

1．香港証券取引所オンラインの使い方

　まずhttp://www.hkec.com.hkにアクセス。すると、次ページの「その1」と同じ画面がでてきますので、左のメニューの「Investor」をクリック。すると、次ページの「その2」のような画面に進みます。メニューの中に「Registration」という項目がありますので、ここをクリックして利用登録画面（その3）に進みます。それ以外のメニューは、一度登録しないと使えません。登録画面で、以下の項目を入力します。

User：ログインする際のユーザー名
Location：「JAPAN」を選択
Mobile number：空欄でOK
Means of alert：「Email Alert」にチェックを入れる
E-mail address：情報受け取りのメールアドレスを入力

Investor

◆その1

◆その2

◆その3

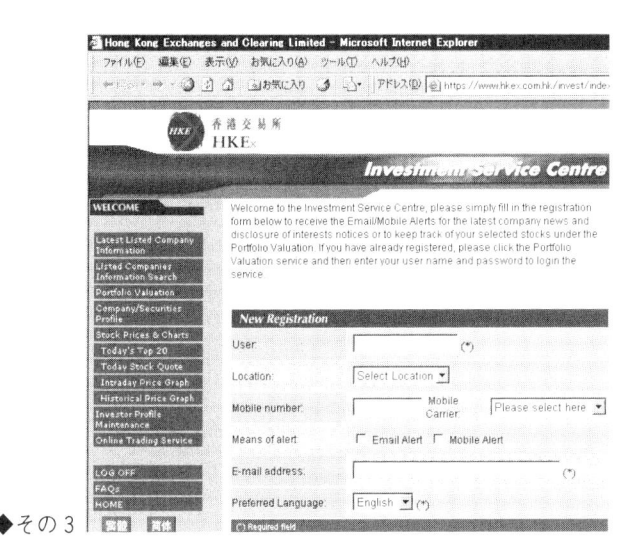

Preferred Language：「ENGLISH」を選択（中国語希望の方はCHINESEで）

Please enter your choices up to 10 stocks：ポートフォリオ管理に組み込む銘柄を10銘柄まで設定できます（証券コードを入力）。ポートフォリオの詳細とアラート設定は、後でログインし直してから設定できます。

　以上を入力したら、画面を一番下までスクロールして、「Register」をクリック。すると、数分後にログインパスワードが記載された次ページの「その4」のようなメールが届きます。その後は、ログイン画面から設定したユーザーIDと届いたパスワードを入力して「Sign In」をクリックするとログインできます。

```
From:     <ISC@invest.hkex.com.hk>
To:       <*********@**************>
Subject:  Your password for HKEx - ISC login

Thank you for registering with our Investment Service Centre("ISC").

Your User ID and Password for entering Investment Service Centre are shown below

User ID: *********
Password: *********

Please note that your account will be activated only after a successful account

Investment Service Centre --- http://www.hkex.com.hk/invest

If you would like to change your password, go to "Investor Profile Maintenance"

In case if you have any question, please send an email to isc@hkex.com.hk

Best Regards

Hong Kong Exchanges and Clearing Limited
```

◆その4

　ログインすると「その5」へ。画面の左端には次のメニューが並んでいます。

Latest Listed Company Information：
　　　　　　　　上場企業の最新ニュースが閲覧できる
Listed Companies Information Search：
　　　　　　　　　　過去のニュースが検索できる
Portfolio Valuation：自分のポートフォリオ管理ができる
Company/Securities Profile：
　　　　上場企業情報、株価、チャートなどが検索できる
Stock Prices & Charts：
値上がり、値下がり、売買高、時価総額の本日のトップ20
Investor Profile Maintenance：
　　　　　　　　　　登録情報のメンテナンスができる

基本的にすべて英語表記ですが、慣れるととても使いやすいです。なんと言っても、上場停止銘柄保有者にとってはEアラート機能が嬉しい！　あともちろん、英語でメールが届くので英語の勉強になりますよ。中国株ホルダーのみなさま、利用してみてはいかがでしょうか。

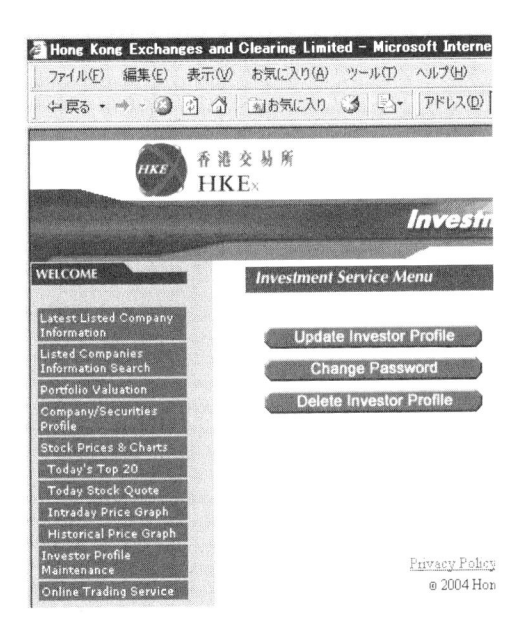

◆その5

各国情報

付録

第1節　BRICs諸国の特徴

　151ページでも簡単にふれたように、BRICsとは「brick=レンガ」をもじっています。ブラジル（Brazil）、ロシア（Russia）、インド（India）、中国（China）の4カ国の頭文字を並べたもの。台頭する新興大国を意味する造語です。この4ヵ国には、「広大な国土」「（原油や鉄鉱石などの）豊富な天然資源」「労働力・消費市場となる膨大な人口を持つ」という共通項があります。

```
＜人　口＞
世界第1位　　中国　　　　約13億人
世界第2位　　インド　　　約10億5000万人
世界第5位　　ブラジル　　約1億7,600万人
世界第7位　　ロシア　　　約1億4,550万人
※BRICs4国だけで世界の人口の約45％を占めています！

＜国土面積＞
世界第1位　　ロシア　　　日本の約45倍、アメリカの2倍
世界第3位　　中国　　　　日本の約26倍
世界第5位　　ブラジル　　日本の約22.5倍
世界第7位　　インド　　　日本の約9倍（係争地含む）
```

＜鉱産資源＞
ブラジル：鉄鉱、ボーキサイト、錫など
ロ シ ア：石油、天然ガス、石炭、鉄鉱、銅、ニッケル、金、タングステン、ウランなど
イ ン ド：鉄鉱、宝石、石油など
中　　国：日石炭、石油、天然ガス、鉄鉱、ウラン、タングステン、錫、亜鉛、モリブデンなど

初めてBRICsという言葉を使ったレポート「Dreaming with BRICs：The Path to 2050」では約45年後である2050年の世界経済勢力図を下記のように予測しています。

(1) 2050年の国内総生産（GDP）は以下の順番になっている。
1位中国、2位アメリカ、3位インド、4位日本、5位ブラジル、6位ロシア

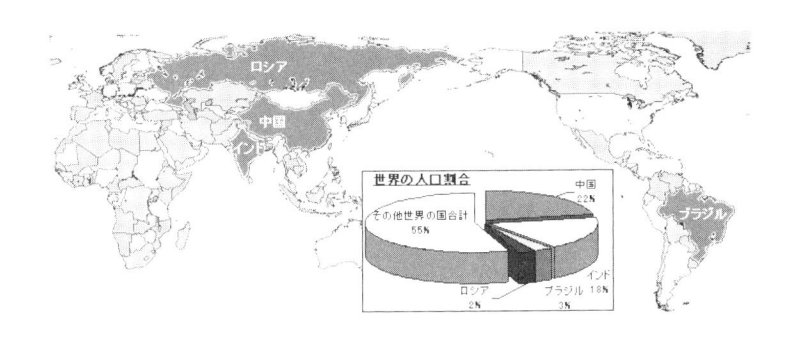

（２）中国のGDPは２００７年にドイツ、２０１５年に日本、２０３９年にはアメリカを抜き、２０５０年には世界最大の経済大国になっている。

（３）ロシアのGDPは２０２８年にイタリア、フランス、ドイツを上回り、ブラジルは２０３６年までにロシアを抜いている。

　ゴールドマンサックスの経済予測によると、ユーロ圏国家のGDPは2050年にはすべて上位から脱落するようです。
　BRICs各国は人口規模が大きいので、所得水準が高まれば国内消費が爆発的に伸び、先進国から同諸国への輸出が拡大すると予想されます。また、経済成長に伴い同諸国の為替レートが上昇傾向を辿ることも予想されます。
　次ページ以降にBRICs諸国（タイ・ベトナムも）の概要を記します。参考にしてください。

第2節　ブラジルについて

■ブラジルの概要

正式国名：ブラジル連邦共和国 Federative Republic of Brazil

首都：ブラジリア

面積：851万1965平方キロメートル（日本の約23倍）

人口：約1億7602万人（2002年7月）

言語：ポルトガル語

通貨単位：レアル（略号R＄）。補助単位としてセンターボがある。R＄1＝100センターボ≒35.6083円（'04年5月現在）

　1992年以前は年率数千％というハイパーインフレを引き起こし不安定な経済環境にありましたが、1993年以降は実質GDP前年比が10年連続プラスで推移するなど安定感が出ています。2003年のGDPはマイナス0.2％でしたがIMF（国際通貨基金）の予想では2004、2005年ともに、3.5％前後のプラスが予想されています。

　ブラジルが抱える問題としては債務返済があります。2003年末の公的債務残高はGDPの約59％を超えており、今後の成長阻害要因になりかねません。2003年1月に就任したルーラ大統領は前政権の政策を踏襲し、財政均衡を目指した経済政策運営をしています。

　先日、「ブラジル国土地理統計院は1日、2004年の実質国内

総生産（GDP）が前年比5.2％増だったと発表した。1994年（5.9％増）以来の高い成長率となった」という記事を日経新聞の国際面で見つけました。ブラジル経済は絶好調のようです。

さらに、2ページめくって同日の日経新聞企業面を見ると、「三菱商事と丸紅、ブラジルで油田開発、総額9億ドル」と載っていました。日本の大手商社が巨額資金を投じて、ブラジルの資源開発事業に乗り出すようです。2社は、ブラジルの国営石油会社「ペトロブラス」が運営するブラジル沖の海底油田の原油搬送を効率化するプロジェクトに総額9億ドルの投資をするそうです。日本企業によるブラジルでの投資事業としては、過去最大級の規模になるそうです。

ちなみにgoogleで「ペトロブラス」で検索すると、油田開発関連のニュースばかりです。世界中の石油関連会社がブラジルに目をつけているようですね。検索結果に、中国の石油大手ペトロチャイナやCNNOCの名前も発見しました。

ブラジルは、1993年以降、実質GDP前年比が10年連続プラスで推移するなど、非常に安定感が出ています。石油、鉄鉱石、ボーキサイトなどの天然資源も豊富です。ブラジルの資源・素材・エネルギー関連、面白そうです。三菱商事と丸紅が9億ドルも投資するくらいですからね。それに、今後の経済成長も楽しみですし。

第3節　ロシアについて

■ロシアの概要
正式国名：ロシア連邦 Russian Federation
首都：モスクワ
面積：約1707万5400平方キロメートル（日本の約45倍、日本の領土北方四島を含む）
人口：約1億4520万人（2002年統計）
言語：公用語はロシア語。この他100以上の民族がそれぞれ独自の言語も用いている
通貨単位：ルーブル。補助通貨はカペイカ。1ルーブル＝100カペイカ。2004年1月時点で1米ドル≒28.92ルーブル、100円≒27ルーブル。

　ロシアの強みは天然資源に恵まれていることです。石油やガスや金属が輸出の約3分の2を占め、鉱工業生産の約3分の1を占めています。逆に言うと天然資源への依存度合が高く、経済が商品市況や為替市況に左右されやすいとも言えます。
　プーチン大統領は1999年12月に突然の辞任をしたエリツィン大統領のあとを受けて、翌2000年3月の大統領選挙で第二代大統領となりました。2004年3月の大統領選では得票率71%を獲得し、高い支持率を得て再選を果たしました。その一方で、独立を求めるチェチェン共和国では武力衝突が続いています。社会不安が経済に与える影響も大きいと予想されます。

第4節　インドについて

■インドの概要
正式国名：インド共和国 Republic of India
(Bharat　Ganarajya)
首都：デリー
面積：328万7263平方キロメートル
人口：10億4970万人（2003年7月）10億人を突破し21世紀中には、中国を抜いて世界一になるとも言われている。
言語：1967年の公用語法でヒンディー語を公用語とした。英語は補助公用語。これを含め18の主要言語と844の方言がある。識字率は59.5%（2003年）
通貨単位：ルピー（Rs）とパイサ（P）。Rs1＝P100＝2.3553円＝0.0216米ドル（'04年8月現在）

　1991年に誕生したラオ政権はそれまでの社会主義的経済と決別。そのラオ政権で経済改革を主導したシン元財務相が2004年の総選挙で新しい首相に任命されたことを、金融市場では安心感をもって受け止めています。
　近年のソフトウェア産業の急成長の背景には「安価で豊富な労働力」「準公用語が英語」という事実が関係しています。今後も米国企業のインドでの業務委託の流れは続く見通しです。ただし、農業がGDPの約25%を占めているため、ロシア同様、経済が商品市況の動向に左右される感は否めないと思われます。

インドのその他の情報

（1）情勢について
　インド株については、まずインドの情勢を冷静に知りましょう。国連によると、インドの人口は2035年までに中国を抜き世界最大に躍り出るそうです。そして、2050年には15億人を超え、東南アジア諸国全体にほぼ匹敵すると報告されています。

　同じBRICsの中国とロシアが直面する少子高齢化とは無縁、若くて豊富な労働力が経済成長への武器となります。インドでは若年労働人口（15～39歳）が2025年に5億5000万人まで膨らみ、日本との差は現在の10倍から20倍に拡大する計算になります（中国と比較してもなお1割多い）。

（2）インドの特長
①理科系大学の最高峰、インド工科大学（IIT）がある
　総定員3400人の枠を目指し、全国からトップレベルの受験者が17万人以上集まります。地元紙は通信教育や塾の宣伝広告であふれ、裕福な家庭のこどもが塾に通ったり、家庭教師をつけたりするのは当たり前。「IITに落ちたらMIT（米マサチューセッツ工科大学）に行く」という冗談があるほどの狭き門です。

②ITを軸としたインドの経済成長

　IT関連の高等教育機関は400近くあり、毎年約15万人の技術者を輩出。米国企業によるIT業務の海外委託（オフショアリング）ではインドが全体の約7割と圧倒的な強さを誇っています。優秀な技術者を量産した結果、サービス産業が国内総生産（GDP）の半分を占めるまでになりました。政府は「今後10年間で年率7～8％の経済成長を続け、2020年には先進国入りする」というシナリオを描いています。これに呼応するように米国家情報会議（NIC）は報告書で「2020年までにインドのGDPは欧州に匹敵する規模になる」と予測しています。

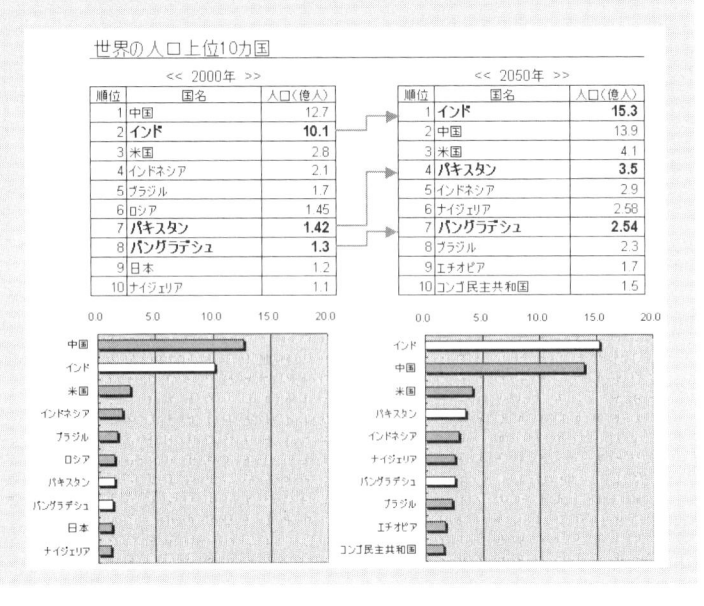

世界の人口上位10カ国

<< 2000年 >>

順位	国名	人口（億人）
1	中国	12.7
2	インド	10.1
3	米国	2.8
4	インドネシア	2.1
5	ブラジル	1.7
6	ロシア	1.45
7	パキスタン	1.42
8	バングラデシュ	1.3
9	日本	1.2
10	ナイジェリア	1.1

<< 2050年 >>

順位	国名	人口（億人）
1	インド	15.3
2	中国	13.9
3	米国	4.1
4	パキスタン	3.5
5	インドネシア	2.9
6	ナイジェリア	2.58
7	バングラデシュ	2.54
8	ブラジル	2.3
9	エチオピア	1.7
10	コンゴ民主共和国	1.5

③インドの経済規模は世界第4位

　世界銀行の世界開発指標によると、米国の物価を基準にした購買力平価で、インドはアメリカ→中国→日本についで、いまや世界第4位の経済規模となりました。世界銀発表購買力平価（*PPP）で見たインドの経済規模は、2兆2300億ドルとなっています。

　ちなみに、米国は8兆8800億ドル、中国は4兆4500億ドル、そして日本は3兆1900億ドルです。以下、世界銀が発表した経済規模のランキング順位です（※太字はBRICs諸国）。

```
第1位　アメリカ　　8兆8800億ドル　　→
第2位　中国　　　　4兆4500億ドル　　↑
第3位　日本　　　　3兆1900億ドル　　→
第4位　インド　　　2兆2300億ドル　　↑
第5位　ドイツ　　　1兆9300億ドル　　→
第6位　フランス　　1兆3500億ドル　　→
第7位　イギリス　　1兆3200億ドル　　→
第8位　イタリア　　1兆2700億ドル　　→
第9位　ブラジル　　1兆1500億ドル　　↑
第10位　ロシア　　　1兆 200億ドル　　↑
```

　参考までに、南アジア諸国では、パキスタンが2500億ドル、バングラデシュが1960億ドル、スリランカが610億ドル、ネパールが300億ドルになっています。

　上記BRICs以外の国の経済規模はほぼ横ばいですが、BRICs、特にインドと中国の経済規模はうなぎのぼりで拡大中です。

【*PPP=Purchasing Power Parity：為替相場の決定要因に関する経済学説のひとつ。2国間の為替レートはそれぞれの国の通貨の対内購買力の比（購買力平価）で決まるとするもの】

（3）インドの課題
　インドには「経済成長」という明るい未来を予想させるキーワードがありますが、その一方で貧困問題をはらんでもいます。政府の貧困対策や地方振興策が十分な効果を上げなければ、大量の失業者を出し、社会不安を招く恐れもあるのです。人口増はパキスタン、バングラデシュも含めて南アジア全体に共通しています。この地域は2050年に24億人になり、「世界の4人に1人が南アジア」の時代が間もなくやってきます。それはイスラム過激派の台頭や地域紛争など、地政学的に見ても大きなリスクと隣り合わせです。
　イスラム教徒が約9割を占めるバングラデシュでは「第2のタリバン」とも称されるイスラム過激派の存在が火種となりつつあります。昨年以降アフガニスタン帰りとされる通称「バングラバイ」という指導者がインド国境付近で活動を展開。貧しいイスラム教徒の支持を集め、構成員は1000人規模にまで膨れ上がりました。南アジアの人口増は経済成長の潜在力を高める一方で、世界の秩序を動揺させかねないもろ刃の剣でもあるのです。

第5節　中国について

■中国
正式国名：中華人民共和国 People's Republic of China
首都：北京（ペキン）
面積：960万平方キロメートル(日本の約26倍)
人口：12億6583万人（2000年11月）
言語：中国語（共通語）
通貨単位：人民元（レンミンピー/RMB）、1元（ユアン/通称クアイ）＝10角（ジヤオ/通称マオ）＝100分（フェン）、1元＝約13円（2004年6月）

　BRICs諸国のなかでも一番成長が期待されています。かつて、日本が1964年の東京オリンピックと1970年の大阪万博を経て経済大国の仲間入りをしたように、中国も2008年の北京オリンピックと2010年の上海万博を経て誰もが認める経済大国へと変貌を遂げるかもしれません。2003年3月に国家主席の地位を江沢民から継承した胡錦涛を中心とする指導部は堅実な政策運営をしており、今のところ過熱気味な景気もバブル崩壊にならないようにうまくコントロールされています。

第6節　タイについて

（1）タイの特長
①働き盛りの多いタイ

　50代以上、いわゆる団塊の世代が重くのしかかり、さらに少子高齢化が問題視されているにもかかわらず、まったく対策が施されない日本に対して、15～40歳の働き盛り世代が人口の中核を占めるタイ（人口ピラミッド参照）。力強い躍動感や勢いを感じるここ数年のタイの発展は、この若い世代が大きな原動力になっているのでしょう。

②強みを徹底的に延ばすタイの政策

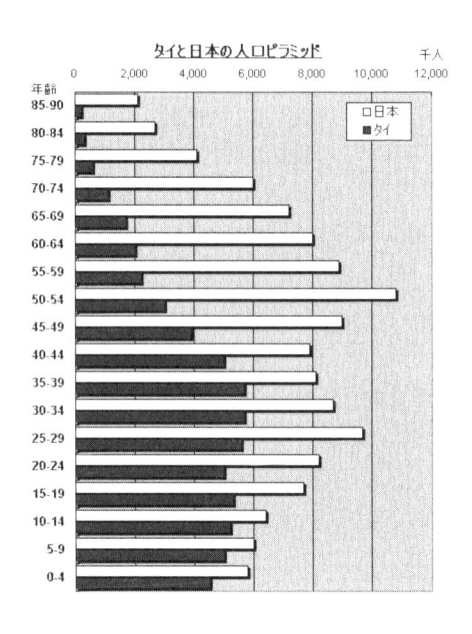

　タイの食料自給率はアジアで最も高いと言われています。食料や資源の自給国は、通貨も強いと言われています。豪ドルやNZドルがここ最近元気と言われている所以です。食料自給率が高いのに、さらに農業に大きな予算を充てる。強みをとことん強くするタクシン

首相の政策です。シンガポールも金融・貿易・情報通信に大きな予算を費やし、政策を実行してきました。シンガポールも自国の強みをとことん強くする政策で成長してきました。

③タイのGDP

タイのGDPを見ると、正直なところ、まだまだ成長途上の段階にあると思われます。しかし今後、大きな飛躍が期待できるでしょう。ひとり当たりのGDPはすでに中国を上回っています。食料自給率が高く、若い世代に支えられているタイは、中期的な投資対象としては大変期待できると思います。

2005年のタイ経済成長率は、津波被害にもかかわらず、予想通りの5.5～6.5%になる見通しだそうです。タクシン首相の指導力と、若い世代の力強い躍動感や勢いが一丸となって、国家の強みをさらに強くする国となっていくでしょう。

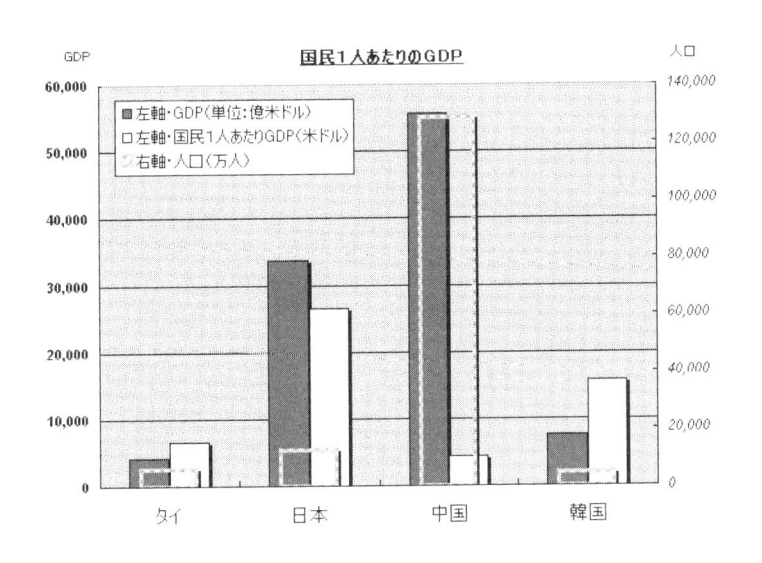

国民1人あたりのGDP

	タイ	日本	中国	韓国
左軸・GDP(単位:億米ドル)				
左軸・国民1人あたりGDP(米ドル)				
右軸・人口(万人)				

（2）タイの課題

　バンコクと言えば、都市の中心を走る高架鉄道（BTS）や、昨年完成した地下鉄が都市交通の主体に変わりつつあります。しかし、それでもまだ渋滞問題は深刻で、道路鉄道などの都市交通整備に多額の予算をかけるようです。

　渋滞がひどいというのは、裏を返せば、活気にあふれていることの証明にもなります。街には人が溢れ、自動車が溢れ、バイクが溢れ、あらゆる消費市場が底上げされ、国が経済成長に向かう。渋滞は、そういう国家成長の一種のプロセスでもあるのです。

　事実、バンコク市内には巨大なショッピングセンターがいくつも建ち並び、日本のデパートでも見かける高級ブランドがズラリと並んでいます。若い女の子がおしゃれなファッションに身を包み、携帯電話を片手に歩く。そんな光景がバンコクでは当たり前になってきました。

第7節　ベトナムについて

まずは以下を読んでください。

> ベトナム、輸出主導で経済成長8.5％目指す
>
> 　ベトナム政府は今年の成長目標を8.5％（昨年は7.7％）と高い水準に置く。けん引役は輸出部門。1〜2月の輸出額は主力の農産物や外資系企業が生産する電子部品が伸び、前年同期比16％増の40億7800万ドルとなった。
> 　内需も好調。海外在住ベトナム人（越僑）からの送金額が増えて、国民の可処分所得が増加。家電製品やオートバイなど高額商品が売れ、小売販売額は約2割増の300億ドルに迫る公算が大きい。昨年の海外からの直接投資（実行額）は27億ドルと1997年以来の水準に回復。政府は今年、30億ドル突破が確実とみる。政府の市場開放政策に加え、中国のコスト高で外資がベトナムに目を向けている。　（日本経済新聞アジア太平洋面：2005年3月7日）

　次ページのグラフを見てもわかるとおり、ベトナム経済は1997年のアジア通貨危機以後、1999年までは経済成長は下降線を辿っていました。しかし、2000年以降は毎年7％の経済成長軌道に乗っています。
　ベトナムは市場としてはまだ未成熟ですが、確実に経済成

長の波に乗っている国だと思います。ただ、外貨の持ち込みは比較的簡単ですが、中国と同じように共産党の一党独裁政権ですのでさまざまな面で規制が多く、持ち出しには複雑な手続きが待っています。

そういう事情から、中国の人民元同様に「ベトナム株で儲けたお金を日本円に戻す」というプロセスは大変難しいようです。我々個人投資家がベトナム株に直接投資するには、

1．分散投資の一部として
2．超長期的保有のスタンスで
3．ベトナム国家の経済成長を買うという気持ちで

という3パターンになりそうです。少額の資産をお試しで投資し、気長に保有するスタンスが必要かと思います。今の時点では、多額の投資＆短期売買は大変危険だと思います。

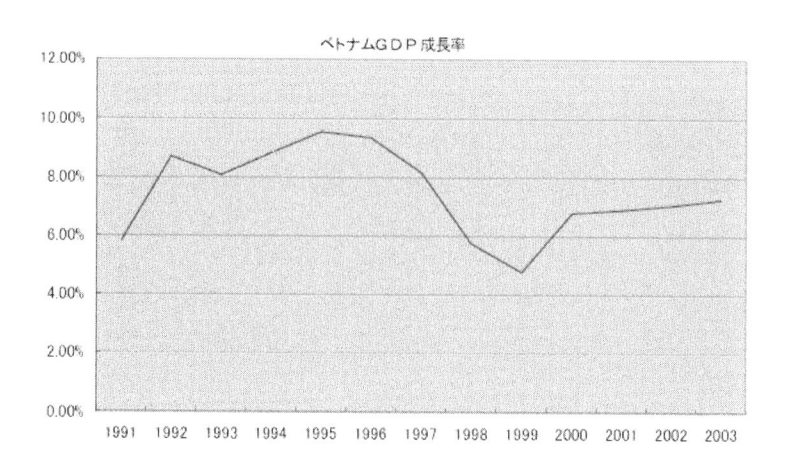

ベトナムGDP成長率

【用語集】

海外投資に最低限必要な英単語をリストアップしてみました。あくまでも最低限です。やりとりが複雑になればなるほど、もっとたくさんの聞いたことも無い英単語が登場することもあります。

【A】
Account ・・・ 口座
Account name ・・・ 口座名義
Account number ・・・ 口座番号
Agreement ・・・ 同意
Amount ・・・ 金額
Annual ・・・ 年間の
Annual household income ・・・ 年間収入
Application form ・・・ 申込書
As follows ・・・ 以下の
Assets ・・・ 資産

【B】
Balance ・・・ 残高
Bank reference ・・・ 銀行照会
Branch ・・・ 支店
Bonds ・・・ 債券

【C】

Capital Guaranteed　・・・　元本確保
Certified　・・・　（第三者）認証済みの
Charges　・・・　手数料
Check　・・・　小切手
Close　・・・　（口座などを）閉鎖する
Correct　・・・　正しい
Country of residence　・・・　居住国
Currency　・・・　通貨
Current　・・・　当座預金

【D】

Date of birth　・・・　生年月日
Debt　・・・　負債
Deposit　・・・　預け入れ
Disclose　・・・　開示
Document　・・・　書類

【E】

Estimate　・・・　概算する
Execution　・・・　（オーダーなどを）実行する
Expiry date　・・・　有効期限

【F】

Fees　・・・　手数料
Financial Details　・・・　資産状況
Foreign currency　・・・　外貨

Funds ・・・ 資金

【I】
Identification（ID） ・・・ 本人確認
Initial deposit ・・・ 初回の預け入れ
Instruction ・・・ 指示
Insurance ・・・ 保険
Interest ・・・ 利息
Interest rates ・・・ 金利
Investment ・・・ 投資
Issue ・・・ 発行

【J】
Joint account ・・・ 共有名義口座

【M】
Maximum ・・・ 最高
Minimum ・・・ 最低

【N】
Nationality ・・・ 国籍

【O】
Occupations ・・・ 職業
Open ・・・ （口座などを）開設する
Order ・・・ 注文

【P】

Payment ・・・ 支払い
Personal Identification Number(PIN) ・・・ 暗証番号
Please note ・・・ 注意してください
PO Box ・・・ 私書箱
Postal code ・・・ 郵便番号
Previous ・・・ 前回の

【R】

Rate ・・・ (為替、手数料などの)レート
Relationship ・・・ 関係
Remittance ・・・ 送金
Requirements ・・・ 必要事項

【S】

Salary ・・・ 給与
Savings account ・・・ 普通預金
Shares ・・・ 株数
Signatures ・・・ 署名
Statement ・・・ 明細書
Stocks ・・・ 株式

【T】

Taxes ・・・ 税金
Terms ・・・ 期間
Time deposit ・・・ 定期預金
Transaction ・・・ 取引

Transfer ・・・ 送金

【U】
Unit trusts ・・・ 投資信託

【参考にさせていただいたホームページ】

■ HSBC　香港上海銀行
　http://www.hsbc.com.hk/
■ スタンダードチャータード銀行
　http://www.standardchartered.com/global/
■ ハンテック証券
　http://www.hantec.com.hk/hantec/sec_en/sec.do
■ HSBCインベントメントサービス
　http://www.tools.hsbc.com.hk/script/hk/personal/invest/
■ メリルリンチ
　http://www.mljs.co.jp/
■ フィデリティ
　http://www.fidelity.co.jp/
■ 中国情報局サーチナ
　http://searchina.ne.jp/
■ 香港証券取引所（HKEx）
　http://www.hkec.com.hk/
■ 香港証券取引所－GEM　（HKEx － Growth Enterprise

Markets）
　http://www.hkgem.com/
■ アジア欧州経済情報　NNA
　http://nna.asia.ne.jp/
■ モーニングスター
　http://www.morningstar.co.uk/
■ スタンダード＆プアーズ
　http://www.standardandpoors.com/
■ フィナンシャルタイムズ
　http://funds.ft.com/funds/
■ 海外投資を楽しむ会
　http://www.alt-invest.com/
■ チャイナワールド
　http://www.chinaworld.com.hk/
■ バンコク駐在生活
　http://www.nextftp.com/BangukokThai/
■ 上海ガール
　http://shanghai-girl.cn/

【参考にさせていただいた書籍】

■ 小富豪のための香港金融案内　Cool & smart Investors
　海外投資を楽しむ会（著）　東洋経済新聞社
　価格：1,995円

- **小富豪のためのタックスヘイブン入門** Cool & smart Investors
  海外投資を楽しむ会（著）　東洋経済新聞社
  価格：1,995円
- **ごみ投資家のための海外ファンド入門**
  オルタブックス　タックスヘイブンを楽しむ会（著）
  メディアワークス　価格：1,680円
- **マネーロンダリング**
  橘　玲（著）　幻冬舎　価格：1,890円
- **お金持ちになれる黄金の羽根の拾い方　知的人生設計入門**
  橘　玲（著）　幻冬舎　価格：1,680円
- **海外預金口座の開設活用徹底ガイド**
  岩崎　博充（著）　日本実業出版社　価格：1,680円
- **大事なお金は香港で活かせ**
  渡辺　賢一（著）　同友館投資クラブ　価格：2,100円
- **ホントは教えたくない資産運用のカラクリ　投資と税金編**
  安間　伸（著）　東洋経済新報社　価格：1,995円
- **個人投資の楽園　オフショア入門完全マニュアル**
  オーレンロース（著）　大楽　祐二（翻訳）　講談社
  価格：1,600円
- **億万長者だけが知っている雨の日の傘の借り方**
  入門・海外個人投資
  オーレンロース（著）　大楽　祐二（翻訳）　講談社
  価格：1,785円
- **ブラジルで雨が降ったらスターバックスを買え**
  ピーター・ナヴァロ（著）　月沢　李歌子（翻訳）
  ダイヤモンド社　価格：1,995円

- ■ 納税者反乱　賢い国際節税法
  古橋　隆之（著）　総合法令出版　価格：1,680円
- ■ 面白いほどよくわかる「タブー」の世界地図
  マフィア・原理主義から黒幕まで世界を牛耳るタブー勢力の全貌
  学校で教えない教科書
  世界情勢を読む会（著）　日本文芸社　価格：1,365円
- ■ 世界地図の切り取り方
  藤井　巖喜（著）　光文社ペーパーバックス
  価格：1,000円
- ■ ゴールドマン・サックス　世界最強の投資銀行
  リサ・エンドリック（著）　早川書房　価格：2,310円
- ■ シティバンク　勝利の複雑系
  スザンヌ・ケリー（著）　コンピュータエージ社
  価格：2,415円
- ■ 図説BRICS経済
  台頭するブラジル・ロシア・インド・中国のすべて
  門倉　貴史（著）　日本経済新聞社　価格：1,680円
- ■ インド巨大市場を読みとく
  榊原　英資（著）　吉越　哲雄（著）　東洋経済新報社
  価格：1,785円

おわりに

　『15万円からはじめる本気の海外投資完全マニュアル』いかがでしたでしょうか？

　ひと通り読み終えて、もしも「今すぐに香港へ飛びたくなった！」と熱く感じていただけたならば、この本はひとつ役割を果たしたことになります。「熱い思い」に火がついたらひとつ目のステップはクリアです。

　2つ目のステップとして、「実際に香港へ飛んで現地の風を感じ、投資用口座を開設すること。そしておいしいものを食べてマッサージでもして、普段の疲れを取りリフレッシュしてくること」。

　3つ目のステップとして、「日本帰国後、インターネットで海外の金融機関にアクセスし、何かの投資商品を実際に買ってみること」。あなたがここまでたどり着いたときに、あなたにとっていろいろな世界が見えてきて、毎日がワクワクして、そして少しづつお金が増えて、現在の数倍も楽しい毎日がやってくると思います。

　少なくとも海外投資という行為には「毎日を格段に楽しくさせる魔術」があります。なぜかというと、4つ目のステップとして「10年後は×××」というさらに大きな目標設定が現実的になるからです。目標もないまま海外投資をすると、「ただ何となく海外投資」になってしまい、それこそリスクです。10年後、20年後、・・・×年後の目標は必ず設定しましょう。

私事ですが、私は10年後バリ島などの東南アジアで、プライベートリゾートヴィラ建設を目標に掲げて日々挑戦中です。イメージとしてはアマンリゾーツ(http://www.amanresorts.com/)のような「隠れ家リゾート」。以前、バリ島チャンディダサの「アマンキラ」を訪れたときにその目標が自分の確信に変わりました。アマンのオーナー、エイドリアン・ゼカ氏は私の最も目指すところの人物で、近い将来必ずお会いしたいと思っています（会ってくれるかどうかはわかりませんが・笑）。概算ですが、そのプライベートリゾートヴィラ建設のために自己資金3億円を必要としています。10年後の3億円を作るために、

● いくらの追加投資で年利何パーセントが必要か？
● 今年度末でいくらになっていないと目標実現が何年延長されるか？
● またヴィラ建設後の収益モデルをシュミレーションし、何年で回収可能か？

目標に向かってそんなことを日々考えています。それは自分の「もっともやりたいこと」ですから、考えれば考えるほどワクワクしますし、そんな自分の理想像を毎日描いています。「思考は現実化する」はまさにその通りだということを実践中です。10年後、もしもこの目標が実現できましたら、「3億円からはじめる本気のプライベートヴィラ投資完全マニュアル」なるものをパンローリングさんから出版させていただきますので乞うご期待ください。
　冒頭でも述べましたが、本書はお金持ち向けの海外投資で

はなく、「月々数万円を貯金しているサラリーマン」を対象に執筆してみました。私は経営者ですが決してお金持ちではなく、社員は私ひとりの小さなコンサルティング会社です。私も投資に回せる金額は、たかだか月々数万円というレベルです。そんな弱小投資家でも「海外投資と熱い思い」をもってすれば大きな夢が実現するということを実践し、みなさんに強くアピールしたく、今回この本の出版に至りました。できるだけ、今すぐできる実践的な内容をわかりやすく書いたつもりですが、足りない情報や制度や法律の変更等によってタイムラグのある情報があるかもしれません。そういったものに関しては、香港資産運用奮闘記で告知または情報交換されていますので、そちらをご覧頂いて補足情報として補いください（http://kowloon.livedoor.biz）。

　最後になりましたが、本書を発行するにあたって本当に多くの方たちのご協力とご支援をいただきました。出版元のパンローリング株式会社　後藤康徳社長をはじめ、未熟な私のために多大なお時間を割いていただきましたことをここに深く御礼申し上げます。中でも特に、何度も原稿打ち合わせをさせていただき、そして寝ずに原稿手直しを連日続けていただいた編集の磯崎公亜さん。あーでもないこうでもないと私のわがままにお付き合いいただきましたデザイナーの小谷野弘子さん。明日までにという無理難題を叩きつけられながらも魂のこもった愛着あるイラストを書いてくださったイラストレーターの竹内吾郎さん。お忙しい中、体験談のご執筆をご快諾いただきました、かじさん、Gain.L.Greedさん、初心者Kさん、Jさん、takeさん、おちはるさん、YTさん。それと、

ウェブサイトを毎日訪れる読者の皆様方から本当に数多くのご相談やご質問等をいただき、それらすべてが私の血となり肉となって、この本に集約されています。自信を持って市場に出せる本を完成できたことを、ご協力いただきましたすべての皆様に深く御礼申し上げます。

　　　　　　　　　　2005年8月　　　石田　和靖

■**著者紹介**

石田　和靖
（Kazuyasu Ishida, The Three B Limited）
（有）ザ・スリービー　代表取締役
1971年東京生まれ。会計事務所に10年間勤務、主に法人税業務と財務コンサルティング業務を中心に携わる。UAE、パキスタン、ミャンマー、タイ、ベトナム、インドネシアなど中近東～東南アジアエリアの外国人経営者の法人を多く担当。その後上記業務に資産運用コンサルティングを加え、（有）ザ・スリービーを設立。年に数回香港などアジア各国を訪問し、香港の証券会社にも太いパイプを持つ。
ホームページ　香港資産運用奮闘記　kz@銅鑼湾
http://kowloon.livedoor.biz/
メールアドレス　kzspecial@gmail.com

■**表紙イラスト・文中イラスト**

竹内　吾郎　（Goro Takeuchi）
メールアドレス　gon1356@gmail.com

2005年10月 3日　第1刷発行
2006年 1月 2日　第2刷発行

15万円からはじめる本気の海外投資完全マニュアル

著　者	石田和靖
発行者	後藤康徳
発行所	パンローリング株式会社
	〒160-0023　東京都新宿区西新宿7-21-3-1001
	TEL 03-5386-7391　FAX 03-5386-7393
	http://www.panrolling.com/
	E-mail　info@panrolling.com
装　丁	小谷野弘子
イラスト	竹内吾郎
組　版	株式会社ベイ・イースト・グラフィックス
印刷・製本	株式会社シナノ

ISBN4-7759-9020-9　　　　　　　　　　　　　　　　　　　　　　　CEB45.5

落丁・乱丁本はお取り替えします。また、本書の全部、または一部を複写・複製・転訳載、および磁気・光記録媒体に入力することなどは、著作権法上の例外を除き禁じられています。

ⒸKazuyasu Ishida 2005　Printed in Japan

免責事項
この本で紹介している方法や技術、指標が利益を生む、あるいは損失につながることはない、と仮定してはなりません。過去の結果は必ずしも将来の結果を示したものではありません。この本の実例は教育的な目的のみで用いられるものであり、売買の注文を勧めるものではありません。

<1> 投資・相場を始めたら、カモにならないために最初に必ず読む本!

マーケットの魔術師
ジャック・D・シュワッガー著

「本書を読まずして、投資をすることなかれ」とは世界的なトップトレーダーがみんな口をそろえて言う「投資業界での常識」。

定価2,940円(税込)

新マーケットの魔術師
ジャック・D・シュワッガー著

17人のスーパー・トレーダーたちが洞察に富んだ示唆で、あなたの投資の手助けをしてくれることであろう。

定価2,940円(税込)

マーケットの魔術師 株式編 増補版
ジャック・D・シュワッガー著

だれもが知りたかった「その後のウィザードたちのホントはどうなの?」に、すべて答えた『マーケットの魔術師【株式編】』増補版!

定価2,940円(税込)

マーケットの魔術師 システムトレーダー編
アート・コリンズ著

14人の傑出したトレーダーたちが明かすメカニカルトレーディングのすべて。待望のシリーズ第4弾!

定価2,940円(税込)

投資苑(とうしえん)
アレキサンダー・エルダー著

精神分析医がプロのトレーダーになって書いた心理学的アプローチ相場本の決定版!各国で超ロングセラー。

定価6,090円(税込)

ワイコフの相場成功指南
リチャード・D・ワイコフ著

日本初! 板情報を読んで相場に勝つ!
デイトレーダーも必携の「目先」の値動きを狙え!

定価1,890円(税込)

ワイコフの相場大学
リチャード・D・ワイコフ著

希代の投資家が競って読んだ古典的名著!
名相場師による繰り出される数々の至言!

定価1,890円(税込)

ストックマーケットテクニック 基礎編
リチャード・D・ワイコフ著

初めて株投資をする人へ 相場の賢人からの贈り物。"マーケットの魔術師"リンダ・ラシュキも推薦!

定価2,310円(税込)

ピット・ブル
マーティン・シュワルツ著

習チャンピオン・トレーダーに上り詰めたギャンブラーが語る実録「カジノ・ウォール街」。

定価1,890円(税込)

ヘッジファンドの魔術師
ルイ・ペルス 著

13人の天才マネーマネジャーたちが並外れたリターンを上げた戦略を探る! [改題]インベストメント・スーパースター

定価2,940円(税込)

<2> 短期売買やデイトレードで自立を目指すホームトレーダー必携書

魔術師リンダ・ラリーの短期売買入門
リンダ・ラシュキ著

国内初の実践的な短期売買の入門書。具体的な例と豊富なチャートパターンでわかりやすく解説してあります。

定価29,400円(税込)

ラリー・ウィリアムズの短期売買法
ラリー・ウィリアムズ著

1年で1万ドルを110万ドルにしたトレードチャンピオンシップ優勝者、ラリー・ウィリアムズが語る!

定価10,290円(税込)

バーンスタインのデイトレード入門
ジェイク・バーンスタイン著

あなたも「完全無欠のデイトレーダー」になれる!
デイトレーディングの奥義と優位性がここにある!

定価8,190円(税込)

バーンスタインのデイトレード実践
ジェイク・バーンスタイン著

デイトレードのプロになるための「勝つテクニック」や
「日本で未紹介の戦略」が満載!

定価8,190円(税込)

ゲイリー・スミスの短期売買入門
ゲイリー・スミス著

20年間、ずっと数十万円(数千ドル)以上には増やせなかった"並み以下の男"が突然、儲かるようになったその秘訣とは!

定価2,940円(税込)

ターナーの短期売買入門
トニ・ターナー著

全米有数の女性トレーダーが奥義を伝授!
自分に合ったトレーディング・スタイルでがっちり儲けよう!

定価2,940円(税込)

スイングトレード入門
アラン・ファーレイ著

あなたも「完全無欠のスイングトレーダー」になれる!
大衆を出し抜け!

定価8,190円(税込)

オズの実践トレード日誌
トニー・オズ著

習うより、神様をマネろ!
ダイレクト・アクセス・トレーディングの神様が魅せる神がかり的な手法!

定価6,090円(税込)

ヒットエンドラン株式売買法
ジェフ・クーパー著

ネット・トレーダー必携の永遠の教科書!カンや思惑に頼らないアメリカ最新トレード・テクニックが満載!!

定価18,690円(税込)

くそったれマーケットをやっつけろ!
マイケル・パーネス著

大損から一念発起! 15カ月で3万3000ドルを700万ドルにした驚異のホームトレーダー!

定価2,520円(税込)

<3> 順張りか逆張りか、中長期売買法の極意を完全マスターする！

タートルズの秘密
ラッセル・サンズ著

中・長期売買に興味がある人や、アメリカで莫大な資産を
築いた本物の投資手法・戦略を学びたい方必携！

定価20,790円（税込）

カウンターゲーム
アンソニー・M・ガレア＆
ウィリアム・パタロンⅢ世著
序文：ジム・ロジャーズ

ジム・ロジャーズも絶賛の「逆張り株式投資法」の決定版！
個人でできるグレアム、バフェット流バリュー投資術！

定価2,940円（税込）

オニールの成長株発掘法
ウィリアム・J・オニール著

あの「マーケットの魔術師」が平易な文章で書き下ろした
全米で100万部突破の大ベストセラー！

定価2,940円（税込）

オニールの相場師養成講座
ウィリアム・J・オニール著

今日の株式市場でお金を儲けて、
そしてお金を守るためのきわめて常識的な戦略。

定価2,940円（税込）

ウォール街で勝つ法則
ジェームズ・P・
オショーネシー著

ニューヨーク・タイムズやビジネス・ウィークのベストセラーリストに載
った完全改訂版投資ガイドブック。

定価6,090円（税込）

ワイルダーのアダムセオリー
J・ウエルズ・
ワイルダー・ジュニア著

本書を読み終わったあなたは、二度とこれまでと同じ視点で
マーケット見ることはないだろう。

定価10,290円（税込）

トレンドフォロー入門
マイケル・コベル著

初のトレンドフォロー決定版！
トレンドフォロー・トレーディングに関する初めての本。

定価6,090円（税込）

■「相場は心理」…大衆と己の心理を知らずして、相場は張れない！

投資苑（とうしえん）
アレキサンダー・
エルダー著

精神分析医がプロのトレーダーになって書いた心理学的アプロ
ーチ相場本の決定版！各国で超ロングセラー。

定価6,090円（税込）

ゾーン〜相場心理学入門
マーク・ダグラス著

マーケットで優位性を得るために欠かせない、新しい次元の心
理状態を習得できる。「ゾーン」の力を最大限に活用しよう。

定価2,940円（税込）

話題の新刊が続々登場！現代の錬金術師シリーズ

為替の中心ロンドンで見た。ちょっとニュースな出来事
柳基善著

ジャーナリスト嶌信彦氏も推薦の一冊。
関係者以外知ることのできない舞台裏とは如何に?

定価1,260円（税込）

復刻 格言で学ぶ相場の哲学
鏑木 繁著

先人の残した格言は、これからを生きる投資家たちの羅針盤になるはずだ。

定価1,260円（税込）

私はこうして投資を学んだ
増田丞美著

実際に投資で利益を上げている著者が今現在、実際に利益を上げている考え方 & 手法を大胆にも公開!

定価1,890円（税込）

矢口新の相場力アップドリル　株式編
矢口 新著

A社が日経225に採用されたとします。このことをきっかけに相場はどう動くと思いますか?

定価1,890円（税込）

矢口新の相場力アップドリル　為替編
矢口 新著

アメリカの連銀議長が金利上げを示唆したとします。
このことをきっかけに相場はどう動くと思いますか?

定価1,575円（税込）

潜在意識を活用した最強の投資術入門
石川臨太郎著

年収3000万円を稼ぎ出した現代の錬金術師が明かす「プラス思考＋株式投資＋不動産投資＝幸せ」の方程式とは?

定価2,940円（税込）

投資家から「自立する」投資家へ
山本潤著

大人気メルマガ『億の近道』理事の書き下ろし。企業の真の実力を知る技術と企業のトリックに打ち勝つ心構えを紹介!

定価5,040円（税込）

景気予測から始める株式投資入門
村田雅志著

UFJ総研エコノミストが書き下ろした「超」高効率のトップダウンアプローチ法を紹介!

定価3,465円（税込）

株式トレーダーへの「ひとこと」ヒント集
東保裕之著

『株式投資　これだけはやってはいけない』『株式投資　これだけ心得帖』の著者である東保裕之氏が株式トレーダーに贈るヒント集。

定価1,050円（税込）

魔術師が贈る55のメッセージ
パンローリング編

巨万の富を築いたトップトレーダーたちの"生"の言葉でつづる「座右の銘」。ままならない"今"を抜け出すためのヒント、ここにあり。

定価1,050円（税込）

道具にこだわりを。

よいレシピとよい材料だけでよい料理は生まれません。
一流の料理人は、一流の技術と、それを助ける一流の道具を持っているものです。
成功しているトレーダーに選ばれ、鍛えられたチャートギャラリーだからこそ、
あなたの売買技術がさらに引き立ちます。

Chart Gallery 3.0 for Windows
Established Methods for Every Speculation

パンローリング相場アプリケーション

チャートギャラリープロ 3.0 定価**84,000**円(本体80,000円+税5%)
チャートギャラリー 3.0 定価**29,400**円(本体28,000円+税5%)

[商品紹介ページ] http://www.panrolling.com/pansoft/chtgal/

RSIなど、指標をいくつでも、何段でも重ね書きできます。移動平均の日数などパラメタも自由に変更できます。一度作ったチャートはファイルにいくつでも保存できますので、毎日すばやくチャートを表示できます。
日々のデータは無料配信しています。ボタンを2、3押すだけの簡単操作で、わずか3分以内でデータを更新。過去データも豊富に収録。
プロ版では、柔軟な銘柄検索などさらに強力な機能を搭載。ほかの投資家の一歩先を行く売買環境を実現できます。

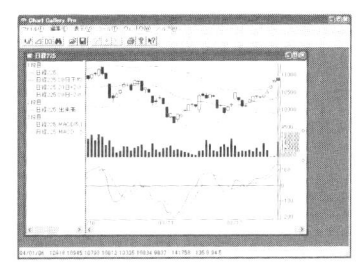

お問合わせ・お申し込みは

Pan Rolling パンローリング株式会社

〒160-0023 東京都新宿区西新宿7-21-3-1001 TEL.03-5386-7391 FAX.03-5386-7393
E-Mail info@panrolling.com ホームページ http://www.panrolling.com/

ここでしか入手できないモノがある

Pan Rolling

相場データ・投資ノウハウ
実践資料…etc

今すぐトレーダーズショップに
アクセスしてみよう！

1 インターネットに接続して http://www.tradersshop.com/ にアクセスします。インターネットだから、24時間どこからでも OK です。

2 トップページが表示されます。画面の左側に便利な検索機能があります。タイトルはもちろん、キーワードや商品番号など、探している商品の手がかりがあれば、簡単に見つけることができます。

3 ほしい商品が見つかったら、お買い物かごに入れます。お買い物かごにほしい品物をすべて入れ終わったら、一覧表の下にあるお会計を押します。

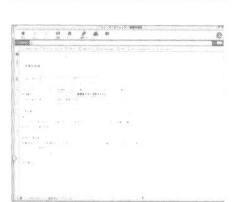

4 はじめてのお客さまは、配達先等を入力します。お支払い方法を入力して内容を確認後、ご注文を送信を押して完了（次回以降の注文はもっとカンタン。最短2クリックで注文が完了します）。送料はご注文1回につき、何点でも全国一律250円です（1回の注文が2800円以上なら無料！）。また、代引手数料も無料となっています。

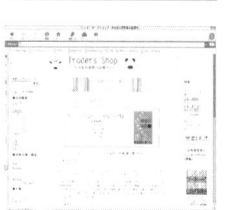

5 あとは宅配便にて、あなたのお手元に商品が届きます。
そのほかにもトレーダーズショップには、投資業界の有名人による「私のオススメの一冊」コーナーや読者による書評など、投資に役立つ情報が満載です。さらに、投資に役立つ楽しいメールマガジンも無料で登録できます。ごゆっくりお楽しみください。

Traders Shop

http://www.tradersshop.com/

投資に役立つメールマガジンも無料で登録できます。 http://www.tradersshop.com/back/mailmag/

パンローリング株式会社 〒160-0023 東京都新宿区西新宿7-21-3-1001
Tel:03-5386-7391 Fax:03-5386-7393
http://www.panrolling.com/
E-Mail info@panrolling.com

お問い合わせは

携帯版